Cestyll Cymru
mewn croesbwyth

Welsh Castles
in cross-stitch

Dymuniadau gorau

Iona James,
Gareth James.

I bawb y daeth yr adeiladau hyn i gyffwrdd eu bywydau mewn unrhyw ffordd trwy'r oesoedd. Hefyd i'r unigolion a'r cyrff sydd nawr yn gweithio i'w gwarchod, eu cynnal a'u hybu.

To all those over the ages whose lives were touched in one way or another by these buildings. Also to the individuals and bodies who now work to protect, preserve and promote them.

Welsh Castles *in* Cross-stitch

Cestyll Cymru *mewn* Croesbwyth

Iona a Gareth James

yLolfa

Diolch i'r canlynol am eu help wrth i ni baratoi'r llyfr yma:

Joyce Jones – am ailgynnau diddordeb mewn brodwaith; Jo Moult – am ei chymorth a'i chefnogaeth; Lefi Gruffudd – am fod mor amyneddgar a gofalus.

Diolch hefyd i:
Cadw, Cyngor Dinas Caerdydd, Parc Cenedlaethol Arfordir Penfro, Ymddiriedolaeth Bywyd Gwyllt Gorllewin Cymru, Ymddiriedolaeth Castell Penfro, Yr Ymddiriedolaeth Genedlaethol, Co Spinhoven, I.L. Soft.

We wish to thank the following for their help as we prepared this book:

Joyce Jones – for re–kindling an interest in embroidery; Jo Moult – for her help and encouragement; Lefi Gruffudd – for being so patient and careful.

Thanks also to:
Cadw, Cardiff County Council, The National Trust, Pembroke Castle Trust, Pembrokeshire Coast National Park, West Wales Wildlife Park, Co Spinhoven., I.L. Soft.

© Hawlfraint Iona a Gareth James a'r Lolfa, 2002
Argraffiad cyntaf: 2002

Rhif llyfr rhyngwladol: 086243 624 9
Clawr: Robat Gruffudd

Argraffwyd a chyhoeddwyd yng Nghymru
gan Y Lolfa Cyf., Talybont, Ceredigion SY24 5AP
e-bost ylolfa@ylolfa.com
gwefan www.ylolfa.com
ffôn (01970) 832 304
ffacs 832 782
isdn 832 813

CYNNWYS / *CONTENTS*

Rhagair /   6

Preface   7

Pennod 1: Paratoi   9

Chapter 1: Getting Started   11

Pennod 2: Cyngor Ymarferol   14

Chapter 2: Tips and Techniques   17

Pennod 3: Y Cestyll   20

Chapter 3: The Castles   20

Pennod 4: Borderi a Gwyddorau   68

Chapter 4: Borders and Alphabets   69

Pennod 5: Cwblhau'r Gwaith   74

Chapter 5: Finishing Touches   75

Pennod 6: Siart Trawsnewid   77

Chapter 6: Conversion Chart   77

Y Cynlluniau Terfynol a'r Patrymau   79

The Completed Designs and Patterns   79

Rhagair

Mae'n debyg y byddai ein cyndadau yn ystyried y mwyafrif o gestyll Cymru yn erchyllterau gwrthun: symbolau o rym a gormes mewn gwlad lle nad oedd traddodiad o godi adeiladau o'r fath cyn dyfodiad y Normaniaid yn yr unfed ganrif ar ddeg. Heddiw, fodd bynnag, mae pethau wedi newid. Mae'r cestyll wedi ymdoddi nid yn unig i dirlun y wlad, ond hefyd i fywyd Cymru, a'r ofn a'r arswyd a godent yng nghalonnau ein cyndadau wedi hen gilio. At ei gilydd, ein cestyll ni ydyn nhw bellach, a chawn ein denu atynt yn ein miloedd. Lle gynt roedd hagrwch, poen, trais a gorthrwm, mae yn awr brydferthwch, balchder, pleser a mwynhad.

Felly hefyd i raddau yn achos gwnïo. Hyd yn weddol ddiweddar, mater o raid oedd defnyddio'r nodwydd i lawer, a gwyddom i gyd mai gwaith digon diflas yn amlach na dim yw gwaith a wneir dan orfodaeth. Roedd yn rhaid i fwyafrif y boblogaeth glytio a thrwsio dillad y teulu, ac mewn teuluoedd ychydig yn well eu byd, disgwylid i bob merch ifanc ddysgu sgiliau gwnïo fel rhan anhepgor o'i datblygiad yn wraig, bydded ganddi ddiddordeb yn y sgiliau hynny neu beidio. O ganlyniad, crëwyd y sampleri hardd y bu llawer ohonom yn ddigon ffodus i'w cael wedi eu pasio i lawr i ni trwy'n teuluoedd, sampleri a weithiwyd gan blant a phobl ifanc dros y canrifoedd diwethaf i ymarfer defnyddio nodwydd yn ddestlus.

Erbyn heddiw nid rheidrwydd ond mwynhad sy'n arwain y mwyafrif ohonom at yr edau a'r nodwydd, ac fel y cestyll, daeth gwnïo, a brodwaith yn arbennig, yn ffynhonnell pleser a mwynhad i filoedd. Mae gwnïo sampleri y dyddiau hyn yn fater o greu celfyddwaith ac mae wedi datblygu nes bod y sampler yn gelfyddwaith sy'n sefyll ar ei ben ei hun. Nid ymarfer a dilyn esiamplau yw brodwaith mwyach ond creu gwaith cain a hardd, ac nid gorchwyl mohono ond pleser hudolus.

Yn anffodus, mae rhai yn dal i gredu mai

pwytho i addurno dillad a chyfwisgoedd, ac i greu sampleri yn unig, yw brodwaith croesbwyth. Ond fel yn achos meysydd celfyddydol eraill, mae wedi ehangu bellach, ac wedi cymryd ei le ym maes y celfyddydau gweledol, ynghyd â sawl cyfrwng arall a ddefnyddir i greu lluniau.

Newidiodd yr Argraffiadwyr agwedd pobl at baentio, a thros ganrif yn ôl dechreuodd y Mudiad Celf a Chrefft hefyd newid agweddau tuag at frodwaith. Cynlluniodd yr arlunydd Edward Burne-Jones, er enghraifft, frodwaith ar gyfer yr Ysgol Frodwaith Frenhinol, a sefydlwyd ym 1872 er mwyn 'codi safonau'. Y dyddiau hyn mae arlunwyr fel John Clayton yn cynllunio ar gyfer brodwaith hefyd ac mae eu patrymau'n edrych cystal ar ddefnydd ag y mae eu lluniau hardd ar bapur. Mae paentio'n rhoi mwynhad mawr ac yn ein galluogi i ymlacio; felly hefyd frodwaith croesbwyth. Y nodwydd yw'r brws, yr edau yw'r paent, a'r defnydd yw'r cynfas.

Rydym yn ffodus heddiw i gael dewis mor eang o ddefnyddiau i weithio arnynt, mewn myrdd o liwiau, o'r pastelau ysgafnaf i'r arlliwiau mwyaf llachar. Gallwn hefyd ddewis o dros 450 o liwiau edau; mae cwmni DMC yn cynnig 464 lliw a chwmni Anchor 460. Ac wrth gwrs mae cymaint mwy o wrthrychau yn eu cynnig eu hunain i ni heddiw. Mae'r rhestr yn ddiddiwedd: pobl, anifeiliaid a phlanhigion, golygfeydd, ac wrth gwrs adeiladau. Yn wir, does fawr ddim bellach na ellir ei ddarlunio mewn brodwaith croesbwyth.

Adlewyrchir hyn yn y nifer fawr o bobl ym mhob cwr o'r byd sydd wedi troi at frodio croesbwyth yn ddiweddar ac sy'n cynhyrchu campweithiau anhygoel ag edau. Ar y llaw arall, mae llawer eto sydd wedi eu denu at y gwaith ond yn petruso, a hwyrach yn ofni mentro. Fy nod yn y gyfrol hon yw yn gyntaf ceisio darbwyllo'r rhai hynny i ymuno â ni sydd yn cael y fath bleser wrth y gwaith, trwy ddangos yr hyn sydd yn bosib gyda gofal, a'u helpu i gymryd y cam cyntaf. Yn ail, ceisiaf gynnig nifer o batrymau i'r rhai sydd eisoes yn brofiadol ym myd croesbwyth ac sydd hwyrach yn chwilio am wrthrychau newydd neu wahanol. Gwnaf hynny gan ddefnyddio rhan o dreftadaeth gyfoethog Cymru, sef ei chestyll.

Penderfynais gynnwys braslun o hanes pob un o'r cestyll hefyd, er mwyn anadlu bywyd i'r cerrig a cheisio gosod pob un yng nghyd-destun nid yn unig amgylchiadau ei gyfnod ond hefyd bywyd y rhai fu'n gyfrifol am ei adeiladu ac a fu'n byw ynddo.

Bu dewis y cestyll yn anodd dros ben; mae cynifer ohonynt yng Nghymru! Ceisiais felly aros am y tro yng nghwmni'r rhai mwyaf adnabyddus, a'u rhannu'n weddol deg rhwng y gogledd a'r de, heb anghofio'r canolbarth. Mae'n siŵr y byddant yn golygu rhywbeth tra gwahanol i ni i gyd – yn dwyn atgofion am ardal mebyd hwyrach; am ymweliad neu wyliau hapus, neu o bosib am garwriaeth. Byddwn yn ddigon bodlon petai rhai ohonoch ond yn teimlo eu bod yn gwneud lluniau deniadol gwerth eu gwnïo.

Iona James

Preface

*I*n the eyes of our ancestors, most Welsh castles were probably hideous monstrosities: symbols of force and oppression in a country where there was no tradition of raising such buildings before the arrival of the Normans in the eleventh century. Today, however, things have changed. The castles have not only merged into the landscape but also into the life of Wales, and the fear and dread they inspired in our forefathers' hearts have gone. They are, by and large, our castles now and we are drawn to them in our thousands. Where there was hideousness, violence, pain and oppression, there is now beauty, pride, pleasure and delight.

So also to a certain extent with sewing. Until relatively recently sewing was a matter of necessity for many and we are all aware of how disagreeable work that we are forced to do can be. Amongst the majority of the population, the family's clothes had to be made, mended and patched, while in better-off families every girl had to learn the sewing skills as a necessary part of growing into womanhood, whether she was interested in those skills or not. So the beautiful samplers many of us have been fortunate enough to have had passed down to us through our families came into being, worked by children and young people over recent centuries in order to practise using the needle tidily.

Today, pleasure rather than necessity leads most of us to the needle and thread and, like the castles, sewing and embroidery in particular, have become a source of pleasure and enjoyment for thousands. Sewing samplers is now a matter of creating works of art and has developed to such an extent that the sampler is now a piece of art in its own right. Embroidery is no longer a process of following examples but one of creating fine and exquisite work: no longer a chore but an enchanting pleasure.

Unfortunately, some still believe that cross stitch embroidery is confined to embellishing articles of clothing and accessories or often solely to sewing samplers. In company with other fields of art, it has now become far broader and has claimed its place amongst the visual arts alongside the numerous other media used in pictorial art.

The Impressionists changed people's view of

painting, and over a century ago the Arts and Crafts Movement also changed attitudes to embroidery. The artist Edward Burne-Jones, for example, designed embroidery for the Royal School of Embroidery, founded in 1872 to 'raise standards'. These days artists such as John Clayton also design for embroidery and their designs look just as good on fabric as their beautiful pictures do on paper. As painting gives great pleasure and allows us to relax, so does cross stitch embroidery. The needle is the brush, the thread the paint and the fabric the canvas.

We are fortunate today that we have such a wide choice of fabrics in a myriad of colours to work on, from the palest pastels to the brightest hues. We can also choose from over 450 thread colours: the DMC company offers 464 and Anchor, 460. So many more subjects offer themselves to us today, also. The list is endless: people, animals and plants, views and of course buildings. Indeed there are now few subjects that cannot be depicted in cross stitch embroidery.

This is reflected in the very large number of people who have recently turned to cross stitch and who produce incredible masterpieces with threads. On the other hand, there are many others who are attracted to the work but are unsure and hesitant. My aim in this book is firstly to try to persuade those people to join those of us who derive such pleasure from cross stitch by showing what is possible and to help them to take the first step. Secondly, I hope I can offer a number of designs to those already proficient in cross stitch and who may be seeking new or different subjects. The particular subject promoted here – the castles of Wales – has the added advantage of forming part of our country's rich heritage.

I decided to include a brief outline of the history of each castle, in order to breathe life into the stones and to set each one in the context not only of its time but also of the lives of those who built it and lived in it.

Selecting the castles was very difficult: Wales has so many! I tried therefore to concentrate for the moment on those that are better known, choosing as fairly as possible from both the north and the south, without forgetting mid Wales. They will probably have a different significance for each of us – bringing back memories of childhood, perhaps, of visits or happy holidays, or possibly of courtship. I shall be satisfied if some of you only feel they make attractive pictures that are worthy of being sewn.

Iona James

Pennod 1: Paratoi

Mae'n amlwg bod yna rai pethau go elfennol y bydd yn rhaid eu casglu at ei gilydd cyn dechrau creu lluniau mewn croesbwyth, a cheisiaf yma dynnu sylw at y rhain a chynnig ychydig o awgrymiadau ynglŷn â'u dewis.

Defnyddiau

Y dyddiau hyn mae dewis eang o ddefnyddiau ar gael, ond gan mai math o frodwaith rhifedig yw croesbwyth, dylid cymryd cryn ofal wrth ddewis defnydd i weithio arno. Er mwyn cadw'r croesbwythau'n wastad, mae'n rhaid gallu cyfrif edau y defnydd, ac felly mae angen dewis defnydd sy'n cynnig rhwydwaith o sgwariau y gellir gweithio arnynt ac sy'n cynnwys edau y gellir eu gweld yn glir. Mae'n holl bwysig hefyd fod gwead y defnydd yn wastad, hynny yw, bod lled yr ystof a'r anwe'n gyfartal, gan ffurfio gwead cytbwys. Mae defnydd gwead gwastad yn caniatáu gwaith taclus gyda phwythau cyson a chyfartal eu maint.

Cyfeirir at ddefnyddiau ar gyfer brodwaith yn ôl eu 'cyfrif', hynny yw, y nifer o flociau neu edau sydd i'r fodfedd. Mae Aida, er enghraifft, yn ddefnydd cotwm modern a gynhyrchwyd yn arbennig ar gyfer brodwaith; mae iddo edau hawdd i'w cyfrif ac eto mae'n caniatáu gwaith cain. Fe'i gweuwyd yn y fath fodd fel y gwelir ynddo flociau o edafedd meinion yn hytrach nag edafedd unigol mwy trwchus. Mae congl glir i bob bloc a gellir gwnïo croesbwyth drostynt; bydd y nodwydd yn llithro'n esmwyth i mewn ac allan o'r conglau. Daw Aida yn y cyfrifau canlynol:

11: sy'n caniatáu 11 pwyth i'r fodfedd;
14: sy'n caniatáu 14 pwyth i'r fodfedd;
16: sy'n caniatáu 16 pwyth i'r fodfedd;
18: sy'n caniatáu 18 pwyth i'r fodfedd.

O'r rhain, Aida 14 a ddefnyddir gan amlaf ar gyfer croesbwyth rhifedig.

Mae defnyddiau eraill wedi eu gwneud â gwead o sawl edefyn cyfartal o ran trwch. Dylid gwnïo'r croesbwythau dros ddwy edau ar y defnyddiau yma. Gallant fod yn gotwm, lliain, raion neu gyfuniad o'r rhain, ac fe'u gwerthir dan sawl enw, e.e. 'pastel linen', 'Cashel linen', Annabelle, Brittney, Lugana a Linda. Defnyddiau o gyfrif 28 yw 'pastel linen', 'Cashel linen', Annabelle a Brittney, sy'n caniatáu 14 o bwythau i'r fodfedd, gan fod y pwyth yn croesi dwy edau. Mae Linda yn ddefnydd o gyfrif 27, sy'n caniatáu 13½ o bwythau i'r fodfedd, a defnydd o gyfrif 25 yw Lugana, sy'n caniatáu 12½ o bwythau i'r fodfedd. Mae hefyd yn bosib prynu lliain o gyfrif 36 ar gyfer gwneud gwaith cain dros ben gan ddefnyddio 18 pwyth i'r fodfedd.

Yn y canllawiau byrion sy'n cyd-fynd â'r patrymau yn y llyfr yma, rwyf wedi cynnwys maint pob llun wedi ei wnïo ar ddefnydd o gyfrif 14, yn ogystal â nifer y pwythau (y nifer o un ochr i'r llall ac o'r pen i'r gwaelod). Gallwch felly weithio allan maint y llun gorffenedig o wybod cyfrif y defnydd y byddwch yn gweithio arno. Er enghraifft, os byddwch yn gweithio ar ddefnydd cyfrif 16, ac os yw nifer pwythau'r llun yn 112 x 88, yna, gan rannu nifer y pwythau â 16, fe welwch y bydd maint y llun gorffenedig yn 7" x 5.5" (112 ÷ 16 = 7 a 88 ÷ 16 = 5.5).

Dewisais wnïo'r lluniau ar Aida lliw hufen, gan fy mod yn teimlo bod lliw hufen yn rhoi gwedd fwy addfwyn i lun. Ond mae defnyddiau mewn amrywiaeth eang o liwiau ar gael heddiw; hwyrach y byddai'n well gennych chi wnïo ar liw ifori neu wyn, er enghraifft. Mater o ddewis personol yw hyn, wrth gwrs, ond cofiwch fod defnydd gwyn yn gallu ymddangos yn llachar iawn weithiau.

Edau

Edau hollt o gotwm a ddefnyddir gan amlaf ar gyfer brodwaith. Peidiwch â chael eich drysu gan y gwahanol enwau a roddir iddynt yn Saesneg; fe'u gelwir yn 'silk' neu'n 'embroidery silk', er enghraifft, mae'n debyg oherwydd bod peth llewyrch iddynt. Yn yr Unol Daleithiau cyfeirir atynt yn aml fel 'floss'.

Mae chwe edefyn main o gotwm ym mhob edau hollt. Gellir gwahanu'r rhain a'u hailuno yn ôl y nifer sydd eu hangen ar gyfer darn arbennig o waith. Hwyrach y bydd y canlynol o gymorth i'ch galluogi i wnïo llun trefnus ac osgoi gwaith rhy drwchus.

Os yw'r defnydd yn caniatáu :

11 pwyth i'r fodfedd, defnyddiwch 3 edefyn;
12½ o bwythau i'r fodfedd, defnyddiwch 2 edefyn;
13½ o bwythau i'r fodfedd, defnyddiwch 2 edefyn;
16 pwyth i'r fodfedd, defnyddiwch 2 edefyn;
18 pwyth i'r fodfedd, defnyddiwch 1 edefyn.

Gallwch amrywio sawl edefyn a ddefnyddir, wrth gwrs, os am roi rhyw ansawdd arbennig i wyneb y llun.

Wrth wahanu ac ailuno'r edau mae cyfle i geisio dileu'r 'tro' a roddir iddynt wrth eu cynhyrchu. Rhedwch eich bawd a'ch mynegfys yn esmwyth ar eu hyd wrth eu hailuno i gael gwared â'r troeon ac unrhyw grychni, yn ogystal â chadw'r edefynnau gyda'i gilydd. Daw hyn â llyfnder a llewyrch i'r gwaith hefyd. Hwyrach y bydd yr edau yn tueddu i ail-blethu wrth i chi wnïo. Gallwch osgoi hyn drwy adael i'r nodwydd hongian yn rhydd yn awr ac yn y man, fel bod yr edefynnau'n datblethu'n naturiol.

Mae'n ddoeth peidio defnyddio darnau o edafedd sy'n hirach na 18" oherwydd eu bod yn tueddu i blethu a hel clymau pan ydynt yn rhy hir, a hefyd gallant wisgo'n denau tua'r pen, o gael eu tynnu trwy ddefnydd dro ar ôl tro.

Y prif fathau o edau sydd ar gael yn y siopau yw DMC, Anchor a Madeira, ond DMC ac Anchor yw'r mwyaf cyffredin. Fel arfer fe'u gwerthir wedi eu rhwymo mewn cenglau 8 metr o hyd, a'r lliw wedi ei gyfleu ar ffurf rhif ar y rhwymyn papur. Mae'n hynod bwysig cadw cofnod o rifau'r edau a ddefnyddir, yn enwedig os byddwch yn eu trosglwyddo i drefnydd edau. Gan fod cannoedd o liwiau ar gael, a rhai ohonynt mor debyg i'w gilydd, mae'n anodd iawn gwahaniaethu rhyngddynt, a pheth gwastraffus eithriadol yw bod â nifer fawr o edau o bob lliw, ond heb rifau i'ch galluogi i'w defnyddio.

Gellir prynu trefnydd edau, wrth gwrs, ac mae amrywiaeth eang ar gael yn y siopau, ond y rhataf yw'r un y gallwch ei wneud eich hun drwy gymryd cerdyn hirsgwar a thorri tyllau i lawr dwy ochr. Yna gallwch fwydo'ch edau yn drefnus trwy'r tyllau, gan nodi'r rhifau a'r symbolau oddi ar y patrwm.

Defnyddiais edau DMC i wnïo pob llun yn y llyfr yma, ond os oes gwell gennych ddefnyddio rhai Anchor, yna mae siart trawsnewid lliwiau ym mhennod 6. Cofiwch mai cyfeirio at y lliw agosaf yn unig a wna'r siart, gan mai anaml iawn y bydd y lliwiau yn union yr un fath. Oherwydd yr amrywiad yn y lliwiau, byddwn i'n eich cynghori i beidio cymysgu edau o wahanol wneuthuriad.

Nodwyddau

Dylid defnyddio nodwyddau tapestri heb flaen ar gyfer gwnïo croesbwyth yn hytrach na nodwyddau brodwaith miniog. Gall nodwydd finiog fachu yn y defnydd, ond mae nodwydd tapestri'n mynd trwyddo'n llyfn.

Rhifau a ddefnyddir i ddynodi trwch a maint nodwyddau tapestri hefyd. Mae'r rhain ar gael o faint 13, sydd yn drwchus ac yn addas ar gyfer gweithio ar ganfas, i faint 28, sydd yn fain ac yn addas ar gyfer gweithio ar ddefnyddiau mân-bwythog. Byddwn i'n argymell defnyddio nodwydd maint 24 ar gyfer gwnïo ar Aida 11 a 14 ac ar ddefnydd o gyfrif 25, a nodwydd maint 26 ar gyfer gwnïo ar Aida 16 a 18 ac ar ddefnydd o gyfrif 27 a 28. Mae defnyddio nodwydd addas yn bur bwysig, gan y gall nodwydd sy'n rhy drwchus niweidio defnydd, a nodwydd rhy fain niweidio edau.

Peidiwch â gadael eich nodwydd yn y defnydd yn hirach nag sydd raid. Gall y cemegau sydd yn y defnydd, a hyd yn oed lleithder y llaw, achosi adwaith ar y nodwydd, a hynny'n ei dro yn arwain at staen ar y defnydd. Dyw nodwyddau ddim yn ddrud, ac fe ddylid prynu rhai newydd yn weddol reolaidd. Os yw nodwydd wedi dechrau troi'n ddu o golli'r haenen o nicel sydd drosti, yna mae ei hoes wedi dod i ben. Gellir ymestyn bywyd nodwydd drwy ei chadw mewn pincws llawn gwlân; bydd y lanolin a'r olewau eraill yn y gwlân yn ei chadw'n ddisglair a llyfn. Hwyrach y dylai pobl sydd â dwylo cynnes ystyried defnyddio nodwyddau a haenen o aur arnynt. Maent yn ddrutach, wrth gwrs, ond maent hefyd yn para'n hirach.

Sisyrnau

Prynwch y sisyrnau gorau y gallwch eu fforddio. Dylai rhai da bara am oes. Teclyn gwir angenrheidiol yw siswrn brodwaith bach â llafnau main a blaenau miniog, a dylid gofalu ei ddefnyddio ar gyfer brodwaith yn unig. Mae'n rhyfeddol mor fuan y gall torri papur ddifetha siswrn, a bydd siswrn di-awch yn niweidio pen yr edau gan ei gwneud hi'n anoddach ei gwthio drwy nodwydd. Siswrn gwniadwaith mwy o faint sydd orau ar gyfer torri defnydd, ac er mwyn cael ymylon taclus, dylid ei dorri gan ddilyn llinellau'r edau yn ofalus.

Fframiau

Bydd rhai pobl yn hoffi defnyddio ffrâm; mater o ddewis personol yn hollol. Bu'n well gen i wnïo 'yn y llaw' erioed, ond os penderfynwch wnïo heb ffrâm, cofiwch sicrhau bod tyndra'r gwaith yn gyson, rhag iddo golli ei siâp.

Ceir nifer fawr o fframiau o bob math a maint, ac yn amrywio'n fawr mewn pris. Cylchau yw'r rhataf, mae'n debyg, ond mae weithiau'n anodd iawn addasu maint cylch ac felly rhaid sicrhau y bydd y llun yn mynd iddo cyn dechrau gwnïo. Rhaid hefyd gofio tynnu'r defnydd o'r cylch yn rheolaidd, gan y gall cylch adael ôl crwn ar y defnydd, a bydd yn anodd cael gwared ohono.

Mae fframiau hirsgwar ar gael hefyd, y gellir eu dal yn y llaw neu eu gosod ar gadair, yn ogystal â rhai sy'n sefyll ar eu traed eu hunain. Fel arfer, gellir addasu'r rhain yn ôl maint y gwaith, a maent yn llai tebyg o adael eu hôl ar y defnydd.

Chapter 1: Getting Started

*T*here are obviously certain basic items that it will be essential to gather together before anyone embarks upon sewing pictures in cross stitch, which I try to summarise here, along with some suggestions about selecting them.

Fabrics

A vast array of fabrics are available these days, but as cross stitch is a form of counted embroidery, you do need to choose with care the fabric you intend to work on. You must be able to count the threads of the fabric in order to be able to keep the cross stitches even, and so you need to use a fabric that offers a grid surface upon which one can work, and that has threads that are clearly visible. It is also vital that the weave of the fabric is even, that is, that the warp and weft threads are of equal width, thus producing a balanced weave. A good evenweave fabric allows the work to have a neat finish, with the stitches evenly spaced and of a regular size.

Embroidery fabrics are referred to by their 'count', that is, the number of blocks or threads they have to the inch. Aida fabric, for example, is a modern evenly woven fabric that is specially produced for counted needlework. Made of cotton, its threads are easy to count and yet allow for fine detail. The fabric is woven in such a way as to expose within it blocks of fine thread rather than thicker individual threads. Each block has a clear corner and a cross stitch can be worked over one block, the needle slipping easily in and out of the corners. Aida is available in the following counts:

11 count, which allows 11 stitches to the inch;
14 count, which allows 14 stitches to the inch;
16 count, which allows 16 stitches to the inch;
18 count, which allows 18 stitches to the inch.

Of these, Aida 14 count is the most commonly used fabric for counted cross stitch.

Other evenweave fabrics consist of woven threads of equal thickness. On these fabrics the cross stitch should be sewn over two threads. These fabrics can be made of cotton, linen, rayon or a combination of these. They are sold under various names, e.g. pastel linen, Cashel linen,

Annabelle, Brittney, Lugana and Linda. The first four listed are all 28 count fabrics which, because the stitch goes over two threads, allow 14 stitches to the inch. Linda is a 27 count fabric, which allows 13½ stitches to the inch, while Lugana is a 25 count fabric, which allows 12½ stitches to the inch. It is also possible to buy 36 count linen, which makes it possible to produce very fine work with 18 stitches to the inch.

In each of the short sewing guides with the charts in this book I have included the size of each picture when sewn on 14 count fabric and also the stitch count (the number of stitches from side to side and from top to bottom). You can therefore work out what size your finished work will be according to the count of the particular fabric you intend to work on. If, for example, you choose to work on 16 count fabric, and the picture stitch count is 112 x 88, then by dividing the stitch count by 16 you will find that the size of the finished picture will be 7" x 5.5" (112 ÷ 16 = 7 and 88 ÷ 16 = 5.5).

I chose to sew the pictures on cream coloured Aida fabric because I feel that cream gives the finished picture a gentler appearance. Fabrics in a very wide variety of colours are available today, however: you might prefer to sew on ivory or white fabric, for example. It is naturally a matter of personal preference, but do bear in mind that a white fabric can appear very harsh in a certain light.

Threads

Stranded threads are the most commonly used embroidery threads. Don't be confused by the various names they are sometimes given: they can be called 'silk' or 'embroidery silk', for example, probably because of their sheen. In the United States they are often referred to as 'floss'.

Six fine strands of cotton make up each stranded thread. These may be separated and then re-combined according to the number of strands required for a particular piece of sewing. The following guidelines may help achieve neat and tidy work and perhaps avoid bulkiness in the finished picture.

If the fabric allows the following stitches to the inch, use the number of strands suggested below:

11: use 3 strands;
12½: use 2 strands;
13½: use 2 strands;
16: use 2 strands;
18: use 1 strand.

In some circumstances, however, you may wish to vary the number of strands used in order to produce a particular textured finish

When separating the strands, you should try to remove the 'twist' given to them during manufacture. As you re-combine them, run your thumb and index finger gently along the separated strands to remove further twists and kinks and to help keep the strands together. This will give the work a smoother finish and help to show up the sheen. You may find that the strands tend to twist together as you sew. This can be avoided by allowing your needle to hang loosely now and again so that the strands untwist naturally.

It is wise not to work with threads longer than 18" as they do tend to twist and gather knots if they are too long. Longer threads can also wear rather thin towards the end as a result of being passed through fabric over and over again.

The principal brands of thread on the market are DMC, Anchor and Madeira. Of these, DMC and Anchor are the most widely available. They are generally sold in 8 metre banded skeins and the colours are represented by numbers which appear on the paper bands. Always be sure to make a note of the numbers of the threads you are using, especially if you transfer them onto a thread organiser. As there are hundreds of colours available, and as some shades are so similar, it is often very difficult to tell them apart, and it can be very wasteful to have a lot of coloured threads but no numbers to enable you to use them.

There are numerous commercially-produced thread organisers, but the cheapest is the one you can make yourself by taking a rectangular piece of card and punching holes down two sides of it. You can then feed your threads tidily through the holes and add the shade numbers and symbols from the chart.

All the pictures in this book were sewn with DMC threads, but if you prefer to use Anchor threads, you will find a conversion chart in chapter 6. Remember that the conversion chart is only a guide to the nearest equivalent shades, as the colours are rarely exactly the same. Because of the variation in colour, I would advise you not to mix threads of different brands.

Needles

Blunt-ended tapestry needles, rather than sharp embroidery needles, should be used for cross stitching since the tip of a sharp needle can easily catch on the threads of a fabric.

The size and thickness of tapestry needles are also designated by numbers. They range from size 13, which is thick and suitable for working on canvas, to size 28, which is thin and can be used to work on very fine fabrics. I would recommend that a size 24 needle should be used for work on 11 and 14 count Aida and on a 25 count fabric, and that a size 26 needle should be used for work on 16 and 18 count Aida and on 27 and 28 count fabrics. It is important to use an appropriate needle, as too thick a needle may damage the fabric, while one that is too thin may damage the thread.

Try not to leave your needle in the fabric for any length of time. Chemicals in the fabric and even moisture from the hand can eventually cause a reaction on the needle, which in turn can leave a stain on the fabric. Needles are not expensive and ought to be replaced reasonably regularly. If a needle begins to turn black from losing its nickel coating, it really has been kept too long. One way to extend a needle's life, however, is to store it in a pincushion filled with sheep's wool. The lanolin and other oils in the wool will help to keep the needle bright and smooth. People who have warm hands might consider using gold plated needles. They are of course more expensive, but they do last longer.

Scissors

Buy the best quality scissors that you can afford. A good pair of scissors should last a lifetime. A small pair of embroidery scissors with thin blades and fine points is really essential and ought to be kept exclusively for embroidery work. It is quite amazing how quickly cutting paper can spoil a pair of scissors, and blunt scissors give threads ragged ends, making them more difficult to thread through a needle. Larger dressmaking scissors are better for cutting fabric, which, in order to obtain trim edges, should be carefully cut along the lines of the threads.

Frames

Some people like to use a sewing frame: it is purely a matter of personal choice. I have always preferred to sew 'in the hand'. If you do decide to sew without a frame, however, you must ensure that the tension of the work is carefully maintained, to avoid it becoming distorted.

Frames come in a variety of styles and shapes and cost from a few pounds to hundreds of pounds. Hoops are the cheapest, but it is often difficult to adjust the size of a hoop and so one must ensure that the whole picture will fit within it before starting the work. The fabric should also be taken from the hoop regularly, as a hoop may leave a circular crease which can be difficult to remove.

There are rectangular frames available that can be held in the hand or balanced on a chair as well as some that are free-standing. These can usually be adapted according to the size of the work and are less likely to leave a crease on the fabric.

Pennod 2: Cyngor Ymarferol

Fel y soniais yn y rhagair, wrth baratoi'r gyfrol hon ceisiais nid yn unig gynnig i'r rhai sy'n gyfarwydd â chroesbwyth luniau newydd i'w pwytho o dreftadaeth gyfoethog Cymru, ond hefyd estyn abwyd i ddenu rhai o'r newydd i'r grefft gyfareddol hon. O ystyried hyn, gobeithio y maddeuir i mi am roi tipyn o sylw i rai o dechnegau elfennol y grefft, gan geisio bod o gymorth i'r rheini sydd erioed wedi creu lluniau mewn croesbwyth o'r blaen. Hwyrach y bydd awgrym neu ddau o ddefnydd i'r rhai profiadol hefyd.

Wedi dewis y llun ac amcangyfrif ei faint gorffenedig, mae sawl peth go bwysig i'w gwneud cyn dechrau gwnïo.

Yn gyntaf oll, gwnewch yn siŵr fod gennych yr edau i gyd ar gyfer y llun, a chysylltwch nhw'n ofalus â'r symbolau ar y patrwm, gan ymgynefino â'r symbolau yr un pryd. Os ydych am ddefnyddio trefnydd edau, yna rhowch yr edau ynddo, gan nodi'r symbol cywir gyferbyn â phob edau.

Ceisiwch ddod yn gyfarwydd â'r patrwm cyn dechrau hefyd. Cofiwch fod pob sgwâr ar y patrwm sydd â symbol ynddo yn cynrychioli pwyth, a bod sgwâr gwag yn golygu nad oes pwyth yn y fan honno.

Gwnewch yn siŵr fod eich defnydd yn ddigon mawr i ddal y llun, gan adael o leiaf ddwy fodfedd ychwanegol ar bob ochr. Gwnïwch dros ymylon y defnydd ag unrhyw edau sbâr, rhag iddyn nhw raflo wrth i chi wnïo'r llun.

Dylid dechrau pwytho yng nghanol y defnydd, gan weithio tuag allan. Rhydd hyn forder cyson o gwmpas y llun, a fydd yn hwyluso'r gwaith fframio'n ddiweddarach. I ddod o hyd i'w ganol, plygwch y defnydd mewn chwarteri ac yna gwnïwch res o bwythau tacio ar hyd y ddau blyg. Wrth gwrs, lle bydd y rhain yn croesi fydd y canol. Gallwch dynnu'r pwythau yma wedyn.

Mae'r sgwariau yn ei gwneud hi'n hawdd dod o hyd i ganol y patrwm a'r lliw cyntaf i'w wnïo. Os nad oes pwyth yn union yng nghanol y patrwm, yna dechreuwch wnïo'r clwstwr pwythau o'r un lliw sydd agosaf at y canol. Bydd y pwythau cyntaf yma'n sylfaen i'ch llun.

Cofiwch mai croesbwyth rhifedig yw hwn, a chyfrwch y pwythau a ddangosir ar y patrwm, yn ogystal â'r rhai rydych wedi eu gwnïo, yn gyson ac yn ofalus. Peth digalon yw darganfod ar ôl gwnïo darn go dda eich bod ychydig allan ohoni.

Gallwch gofnodi lle rydych wedi ei gyrraedd ar y patrwm drwy liwio'r rhannau sydd wedi eu cwblhau yn ysgafn â phensel. Bydd hyn yn gymorth i osgoi gwnïo'r un rhan ddwywaith neu adael rhan allan.

Defnyddiwch eich nodwydd i bwyntio wrth gyfrif y sgwariau ar y patrwm, a'r blociau neu'r edau ar y defnydd. Bydd hyn yn hwyluso cyfri'n gywir.

Mae'n hawdd colli eich lle wrth newid lliw tra ydych yn gwnïo. Cadwch nifer o nodwyddau ac edau o wahanol liwiau ynddynt wrth law. Yna gallwch newid lliw yn rhwydd, yn ddi-dor, a heb golli eich lle.

Peidiwch â dechrau na gorffen defnyddio darn o edau â chwlwm. Wedi fframio'r llun bydd clymau i'w gweld fel lympiau yn y defnydd. Gadewch tua modfedd o edau yng nghefn y defnydd wrth ddechrau, gan ei dal yn ei lle â'r tri phwyth cyntaf i'w gwnïo. Wedi gorffen defnyddio'r edau yma, pasiwch hi y tu ôl i'r tri phwyth olaf i'w gwnïo. Bydd yn aros yn ei lle'n daclus.

Ceisiwch osgoi gadael darnau rhydd o edau y tu cefn i'r defnydd. Byddant yn siŵr o glymu yn ei gilydd a byddant hwythau i'w gweld trwy'r defnydd wedi fframio'r llun.

Peidiwch â gwangalonni wrth edrych ar ddarn gwag o ddefnydd a llu o symbolau ar y patrwm. Dechreuwch bwytho. Unwaith y byddwch wedi gwnïo clwstwr o bwythau, byddwch yn llawn balchder ac yn awyddus i weld y llun yn tyfu.

Pwythau

Croesbwyth

Mae croesbwyth i'w wnïo dros un bloc mewn defnydd Aida neu dros ddwy edau mewn defnydd gwead gwastad arall. Yn gyntaf, gwnïwch res o bwythau lletgroes, i gyd yn mynd i'r un cyfeiriad. Yna, gan ddychwelyd ar hyd y rhes, croeswch y rhain â rhai lletgroes yn mynd i'r cyfeiriad arall. Gallwch wnïo'r rhes gyntaf o'r chwith i'r dde neu o'r dde i'r chwith, *ond rhaid i'r pwythau uchaf fynd i'r un cyfeiriad,* neu bydd y gwaith yn edrych yn flêr.

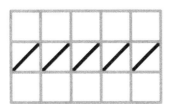 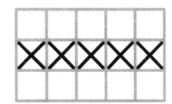

Croesbwythau rhanrifol

Os oes symbol mewn dwy gongl gyferbyniol yn yr un sgwâr ar y patrwm, yna gwnïwch y lliw agosaf neu amlycaf gan ddefnyddio ¾ pwyth, a'r llall gan ddefnyddio ¼ pwyth. Anaml y defnyddir ¼ pwyth ar ei ben ei hun; bydd gan amlaf yn cyfuno â ¾ pwyth.

Tri chwarter croesbwyth

I wnïo ¾ pwyth, gwnïwch yn gyntaf o gongl y bloc i'r canol ac yna gwnïwch bwyth lletgroes rhwng y ddwy gongl gyferbyniol arall ac ar draws y canol.

Chwarter croesbwyth

I wnïo ¼ pwyth, gwnïwch bwyth o gongl y bloc i'r canol yn unig.

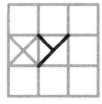 

Hanner croesbwyth

Os yw symbol ond yn llenwi hanner sgwâr ar y patrwm, yna gwnïwch groesbwyth bach ar draws hanner y bloc. Gall hanner croesbwyth fod yn orweddol neu'n fertigol, yn ôl y patrwm.

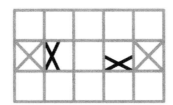

Pwyth rhedeg dwbl

Mae'r pwyth hwn (a elwir weithiau'n bwyth Holbein neu'n llinellbwyth) yn un defnyddiol ar gyfer amlinellu. Yn gyntaf, gwnïwch res o bwythau rhedeg, gan adael yr un faint o le rhwng pob pwyth. Yna dychwelwch ar hyd y rhes, gan wnïo rhes arall o bwythau rhedeg i lenwi'r bylchau. Cofiwch nad yw amlinellau'n dilyn ymylon y croesbwythau'n union bob amser, ond yn eu croesi weithiau er mwyn tynnu sylw at nodwedd arbennig. Edrychwch yn ofalus ar y patrwm amlinellu er mwyn gweld yn union ble y dylai'r llinellau fod.

 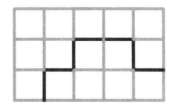

Hirbwyth

Fel mae'r enw'n awgrymu, dyma bwyth hir unigol, a ddefnyddir yn aml lle mae'n anodd gwnïo pwyth rhedeg dwbl. Gall y pwyth hwn hefyd dynnu sylw at nodwedd arbennig, ac fe'i defnyddir yn ogystal i gynrychioli mastiau a pholion fflag, ac ati. Mae'n bwysig gwnïo'r pwyth yma'n dynn, gan y dylai orwedd yn dwt ar ben pwythau eraill.

Cwlwm Ffrengig

Mae'n ddoethach gwnïo clymau Ffrengig yr un adeg â'r amlinellu, ar ôl gorffen y rhan fwyaf o'r llun. Tynnwch y nodwydd i fyny trwy'r defnydd a throwch yr edau o'i hamgylch ddwywaith neu dair. Yna, gan ddal yr edau'n dynn â'ch llaw arall, fel ei bod yn gwasgu o gwmpas y nodwydd, gwthiwch y nodwydd yn ôl i'r defnydd mor agos â phosib i'r fan lle daeth i fyny.

Chapter 2: Tips and Techniques

*A*s I mentioned in the preface, in preparing this book I tried not only to offer those proficient in cross stitch some new pictures to sew from the rich heritage of Wales, but also to entice newcomers to this fascinating craft. I hope therefore that I will be forgiven for giving some attention to a few elementary cross stitch techniques, in order to assist those who have never before created cross stitch pictures. Perhaps one or two of the suggestions may be of use to the experienced cross stitcher too.

Having chosen the picture and calculated the finished size, there are a number of important things that you should do before beginning to sew.

First of all, make sure that you have all the threads you are going to need for the picture, and carefully match them with the colour symbols on the chart, familiarising yourself with those symbols at the same time. If you intend to use a thread organiser, then attach the threads to it, clearly marking the appropriate colour symbol alongside each thread.

Familiarise yourself with the chart at this stage also. Remember that each marked square on the chart represents a stitch and that a blank square means there is no stitch at that point.

Make sure that your fabric is large enough to accommodate the picture, allowing an extra two inches at least on each of the four sides. In order to prevent the edges from fraying as you sew the picture, oversew them with any spare thread you may have.

It is advisable to start sewing at the centre of the fabric, working outwards from that point. This should result in a balanced border around the picture, which will make it easier when framing. In order to determine the centre, lightly fold the fabric into quarters and then sew a line of tacking stitches along each fold. Where the two lines meet will obviously be the centre. These stitches can later be removed.

The grid will enable you to find the centre of the chart and the colour with which to begin sewing. If there is no stitch in the very centre of the chart, then find the group of stitches of the same colour nearest to the centre and begin with those. These first stitches will act as a base for you to build your picture around.

Keep reminding yourself that this is counted cross stitch and always carefully count both the stitches indicated on the chart and those that you have sewn. It can be most disheartening after sewing a large area to find that you are a few stitches out.

One way of reminding yourself where you have reached on the chart is to progressively shade lightly in pencil over the sections you have sewn. This will ensure that you don't sew the same section twice or leave a section out.

Use your needle as a pointer when counting the grid squares on the chart and the blocks or threads on your fabric. You will find that it helps you to be accurate.

In order to avoid losing your place when changing colours while sewing, have a number of needles already threaded with the other colours close at hand, so that the changeover will flow without a break.

Don't start or finish using a length of thread by tying a knot. When your picture is framed, knots will show up as little lumps in the fabric. Leave about an inch of thread at the back of the fabric as you start and hold it in place with the first three stitches you sew and when you have finished with that particular length of thread, run it through the back of the last three stitches you have sewn. It should stay tidily in place. Avoid leaving loose ends of thread at the back of your fabric. They will inevitably become tangled together and will also show up when your picture is framed.

Don't be daunted when faced with a blank piece of fabric and a mass of symbols on the chart. Get started. Once you have sewn a group of stitches, you will be proud of yourself and will want to see the picture grow.

Stitches

Cross stitch

A cross stitch is sewn over one block of Aida fabric or over two threads of another evenweave fabric. First sew a row of diagonal stitches, all going in the same direction. Then, coming back along the row, cross them with diagonal stitches going in the other direction. The first stitches can be sewn from left to right or right to left, but the top stitches must all go in the same direction, *otherwise the work will look untidy.*

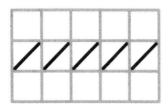 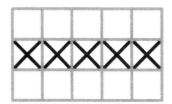

Fractional cross stitches

If two symbols occupy opposite corners of the same square on the chart, then sew the nearest or predominant colour using ¾ stitch and the other using ¼ stitch. A ¼ stitch is rarely used on its own but usually in conjunction with a ¾ stitch.

Three-quarter cross stitch

To sew a ¾ stitch, take the needle from the corner of the block to the centre and then complete the stitch by sewing a diagonal across the centre between the two opposite corners.

Quarter cross stitch

To sew a ¼ stitch, simply take the needle from the corner of the block to the centre.

 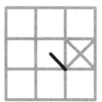

Half cross stitch

If a symbol occupies only half a square on the chart, then sew a small cross stitch across half the block. A half cross stitch can be either horizontal or vertical, according to the chart

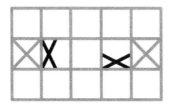

Double running stitch

This stitch (sometimes known as Holbein or line stitch) is useful for sewing outlines. First sew an evenly-spaced row of running stitches. Then, going back along the same line, sew another row of running stitches, filling the spaces left by the first row. Bear in mind that outlines do not always follow the very edges of the cross stitches, but can sometimes go across them in order to emphasise some particular feature. Always consult the outline chart to see clearly where the lines should be.

 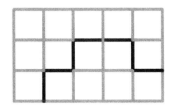

Long stitch

As the name implies, this is a single long stitch and is often used where it is difficult to sew a double running stitch. This stitch too can emphasise a feature and is also used to sew such things as masts and flagpoles. The tension is very important in a long stitch, as it should lie snugly on top of other stitches.

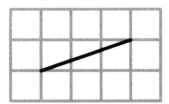

French knot

French knots are best applied at the same time as the outlining, after the main part of the picture has been completed. Draw the needle up through the fabric and twist the thread two or three times around it. Then, holding the thread taut with your other hand, so that the twisted thread is tight around the needle, push the needle back through the fabric as close as possible to where it emerged.

Pennod 3: Y Cestyll
Chapter 3: The Castles

1. Castell Aberystwyth *Castle*

Castell Aberystwyth

Maint y llun wedi ei wnïo ar ddefnydd 14 edau i'r fodfedd, gan gynnwys y border:

7" x 5" neu 17.8cm. x 12.7cm.

Nifer y pwythau: 98 x 70

I wnïo'r llun ar Aida 14 edau i'r fodfedd neu ar ddefnydd gwead gwastad 28 edau i'r fodfedd, bydd angen darn o ddefnydd yn mesur:

12" x 10" neu 30.5cm. x 25.5cm.

Arweiniad i'r gwnïo

Defnyddiwch 2 edefyn i wnïo pob croesbwyth, ac eithrio wrth wnïo'r awyr.

Defnyddiwch 1 edefyn lliw 3325 i wnïo'r awyr.

Aberystwyth Castle

Size of the picture sewn on 14 count fabric and including the border:

7" x 5" or 17.8cm. x 12.7cm.

Stitch count: 98 x 70

To sew the picture on 14 count Aida or 28 count evenweave, you will need a piece of fabric measuring:

12" x 10" or 30.5cm. x 25.5cm.

Sewing guide

Use 2 strands of thread to sew each cross stitch, except when sewing the sky.

To sew the sky use 1 strand of the colour 3325.

Castell Aberystwyth

Dyma un o gestyll cyntaf Edward I yng Nghymru, ond nid hwn oedd y castell cyntaf yn yr ardal, fodd bynnag, gan i'r Brenin John adeiladu un na oroesodd yn hir, nid nepell o safle'r castell yma.

Wedi i Llywelyn ap Gruffudd o Wynedd, tywysog Cymreig olaf Cymru, anwybyddu coroniad Edward I ym 1274 a methu talu gwrogaeth iddo dros y tair blynedd canlynol, penderfynodd y brenin ei gosbi, fel petai, ac ymosododd ar y wlad ym mis Mehefin 1277. Profodd yn ymgyrch gweddol fyr gan y bu'n rhaid i Lywelyn ildio iddo a derbyn amodau llym Cytundeb Aberconwy ym mis Tachwedd yr un flwyddyn.

Roedd Edward wedi deall gwerth cestyll cadarn tra oedd yn ymgyrchu ar y cyfandir ac ar groesgad yn y Dwyrain Canol, a chan ei fod yn benderfynol o sicrhau ei benarglwyddiaeth dros Gymru, ceisiodd wneud hynny trwy adeiladu cyfres o gestyll: yn y Fflint a Rhuddlan yn y gogledd, ym Muellt yn y de, ac yma yn Aberystwyth ar arfordir y gorllewin. Ei frawd Edmund, Iarll Lancaster, a elwid yn 'Edmund Gefngrwm', ac a fu hefyd ar groesgad, a gafodd y cyfrifoldeb o ddewis y safle. Dewisodd graig ger aber afon Rheidol, yn wynebu'r môr a chyda thir corsiog y tu ôl iddi: safle pur gadarn ac un roddai gyfle i gadw llygad ar ffiniau deheuol Gwynedd.

Dechreuwyd adeiladu yn Awst 1277 dan gyfarwyddyd un o'r enw Harri o Henffordd, ond yn fuan cymerwyd yr awenau gan y Meistr James o St George, brodor o Safwy, a fu'n gyfrifol am sawl un o gestyll Edward. Pan ailgychwynnodd y rhyfel ym 1282 gydag ymosodiad Dafydd, brawd Llywelyn, ar Gastell Penarlâg ar Sul y Blodau, cipiwyd Castell Aberystwyth, oedd heb ei gwblhau, a'i ddifrodi. Ond wedi lladd Llywelyn yng Nghilmeri ar 11 Rhagfyr y flwyddyn honno, dechreuodd y rhyfel ddirwyn i ben a dychwelodd Aberystwyth i ddwylo'r Saeson.

Llwyddodd y castell i wrthsefyll gwrthryfel 1294 dan arweiniad Madog ap Llywelyn, mab arglwydd olaf Meirionnydd, gan iddo gael ei gyflenwi o'r môr, a thros y ganrif nesaf llewyrchodd y fwrdeistref a'r porthladd a sefydlodd Edward yng nghysgod y castell.

Cipiodd Owain Glyndŵr y castell yn Ebrill 1404 a sefydlodd ei lys yma. Ym 1406, fodd bynnag, ymosododd Harri o Drefynwy – Harri V yn ddiweddarach – ar Aberystwyth. Ni lwyddodd y tro hwnnw ond dychwelodd ym 1408 a chipio'r castell ym Medi y flwyddyn honno, pan symudodd Owain ei lys i Harlech. Ychydig o sylw a gafodd Castell Aberystwyth dros weddill y bymthegfed ganrif, ac o ganlyniad dechreuodd ddadfeilio. Fe'i ystyrid yn ddigon cadarn a diogel ym 1637, fodd bynnag, pan fu Thomas Bushell, gŵr hynod o ddiddorol fu'n ddisgybl i Francis Bacon, yn bathu arian yma dan drwydded gan Siarl I.

Fel cymaint o gestyll Cymru, garsiynwyd Castell Aberystwyth ar ran y brenin yn ystod y Rhyfel Cartref. Fe'i gosodwyd dan warchae gan luoedd y Senedd ym 1645 a syrthiodd i'w dwylo ym 1646. Yn ddiweddarach, gorchmynnwyd iddo gael ei ddymchwel a dyna a ddigwyddodd, fel mai ychydig iawn ohono sydd yn sefyll heddiw.

Aberystwyth Castle

This was one of the first castles built by Edward I in Wales. It was not the first castle in the area, however, for King John built one nearby that did not survive for long.

When Llywelyn ap Gruffudd of Gwynedd, the last Welsh Prince of Wales, ignored Edward I's coronation and failed to pay him homage during the following three years, the king decided to punish him, and invaded the country in June 1277. It was a relatively short campaign as Llywelyn had to submit and accept the harsh terms of the Treaty of Aberconwy in November of that year.

Edward recognised the value of strong castles while campaigning on the continent and on crusade in the Middle East. Determined to assert his supremacy over Wales, he tried to do so with a series of castles: at Flint and Rhuddlan in the north, Builth in the south and here at Aberystwyth on the west coast. He gave his brother Edmund, Earl of Lancaster, known as Edmund 'Crouchback', who had also been on crusade, responsibility for selecting the site. Edmund chose this rock facing the sea close to the mouth of the river Rheidol, with marshy ground behind it: a formidable site and one that allowed an eye to be kept on Gwynedd's southern borders.

Building began in August 1277 under the direction of one Henry of Hereford but soon Master James of St George, a native of Savoy, who was responsible for building several of Edward's castles, took over. When the war resumed in 1282 with Dafydd, Llywelyn's brother, attacking Hawarden Castle on Palm Sunday, Aberystwyth Castle, still unfinished, was captured and ransacked. After Llywelyn was killed at Cilmeri on December 11th, 1282, however, the war began to draw to a close and Aberystwyth was retaken by the English.

The castle resisted the 1294 uprising led by Madog ap Llywelyn, son of the last lord of Meirionnydd, by being supplied by sea. Both the borough and the port founded by Edward beside the castle flourished over the following century.

Owain Glyndŵr captured the castle in April 1404 and established his court here. In 1406 however, Henry of Monmouth, later Henry V, unsuccessfully attacked Aberystwyth, returning in 1408, when he took the castle, forcing Owain to move his court to Harlech. Little attention was paid to Aberystwyth Castle during the rest of the fifteenth century and it consequently fell into disrepair. It must have been considered to be still secure in 1637, however, when Thomas Bushell, a most fascinating man who had been a protégé of Francis Bacon, was allowed to mint coins here under licence from Charles I.

Like many Welsh castles, Aberystwyth Castle was garrisoned on behalf of the king during the Civil War. Parliamentary forces besieged it in 1645 and it fell to them in 1646. Later the order was given to demolish the castle and that became its fate, so that little of it remains standing today.

2. Castell Biwmares   *Beaumaris Castle*

Castell Biwmares

Maint y llun wedi ei wnïo ar ddefnydd 14 edau i'r fodfedd, gan gynnwys y border:

7.9" x 5.9" neu 20cm. x 14.9cm.

Nifer y pwythau: 110 x 82

I wnïo'r llun ar Aida 14 edau i'r fodfedd neu ar ddefnydd gwead gwastad 28 edau i'r fodfedd, bydd angen darn o ddefnydd yn mesur:

14" x 12" neu 35.5cm. x 30.5cm.

Arweiniad i'r gwnïo

Defnyddiwch 2 edefyn i wnïo pob croesbwyth, ac eithrio wrth wnïo'r awyr, y dŵr a'r mynyddoedd yn y cefndir.

Defnyddiwch 1 edefyn lliw 932 i wnïo'r awyr.

Defnyddiwch 1 edefyn yr un o liwiau 931 a 932 i wnïo'r dŵr.

Defnyddiwch 1 edefyn yr un o liwiau 502, 926, 927, 3042 a 3740 i wnïo'r mynyddoedd.

Beaumaris Castle

Size of the picture sewn on 14 count fabric and including the border:

7.9" x 5.9" or 20cm. x 14.9cm.

Stitch count: 110 x 82

To sew the picture on 14 count Aida or 28 count evenweave, you will need a piece of fabric measuring:

14" x 12" or 35.5cm. x 30.5cm.

Sewing guide

Use 2 strands of thread to sew each cross stitch, except when sewing the sky, the water and the mountains in the background.

To sew the sky use 1 strand of the colour 932.

To sew the water use 1 strand of each of the colours 931 and 932.

To sew the mountains use 1 strand of each of the colours 502, 926, 927, 3042 and 3740.

Castell Biwmares

Heddiw, ar y cyfan, gwelwn gestyll y mae eu godidowgrwydd cychwynnol wedi dirywio cryn dipyn. Ym Miwmares ar y llaw arall, mae yma gastell na chyrhaeddodd erioed y godidowgrwydd y bwriadwyd ar ei gyfer.

Dyma'r olaf mewn cadwyn o gestyll a gododd Edward I i geisio amgylchynu Gogledd Cymru wedi ail ran ei ymgyrch yn y drydedd ganrif ar ddeg. Roedd rhai y Fflint a Rhuddlan wedi eu cwblhau, a rhai Conwy, Caernarfon a Harlech un ai wedi eu codi neu'n agos at gael eu cwblhau erbyn diwedd wythdegau'r ganrif, ond roedd dolen goll ym Môn. Ym 1283, fodd bynnag, dewiswyd safle a pharatowyd cynllun – gan y Meistr James o St George eto. Roedd y castell i'w godi ar dir gwastad wrth y Fenai: morfa teg, neu 'beau mareys' yn iaith y Normaniaid, ger Llan-faes, porthladd pwysig ar y pryd a'r fan lle deuai teithwyr i'r lan wedi croesi o Aber ar y tir mawr ar eu ffordd i Iwerddon. Yno hefyd, ym 1237, y claddwyd Siwan, gwraig Llywelyn ap Iorwerth, sef Llywelyn Fawr.

Ym 1294 daeth sbardun i ddechrau'r gwaith pan gododd gwrthryfel dan arweiniad Madog ap Llywelyn. Difrodwyd Caernarfon a chrogwyd Roger de Pulesdon, siryf Môn, a'r gŵr a ddaliai faenor Llan-faes. Trawodd Edward yn ôl yn llym. Gorchfygodd y gwrthryfelwyr a throdd Gymry Llan-faes o'u cartrefi, gan eu hanfon i dref newydd ddeuddeng milltir i ffwrdd, sef Niwbwrch heddiw. Yna, yn Ebrill 1295, dechreuodd godi castell a bwrdeistref Seisnig Biwmares.

Aeth y gwaith rhagddo'n gyflym i ddechrau, gydag Edward ei hun yma am y mis cyntaf, ac erbyn Chwefror 1296 roedd gatiau yn y porthdai allanol. Arafodd y gwaith wedyn a daeth i ben yn gyfan gwbl rhwng 1300 a 1306 tra oedd Edward yn yr Alban. Ym 1306 anfonodd y cwnstabl ato gan grefu arno gwblhau'r castell, gan nad oedd eto mewn cyflwr i wrthsefyll ymosodiad. Ailddechreuodd y gwaith wedyn ac aeth ymlaen yn ysbeidiol hyd 1330. Eto, ni chwblhawyd yr hyn a gynlluniwyd: ni chodwyd y porthdai na'r tyrau i'w llawn uchder; ni roddwyd murfylchau ar y waliau nac ar y tyrau mewnol ac ni chodwyd tyredau yma o gwbl. Felly mae amlinell y castell fel y'i gwelwn heddiw yn union fel yr oedd pan ddaeth y gwaith i ben ym 1330.

Cipiodd Owain Glyndŵr y castell ym 1403 ac fe'i daliodd am tua dwy flynedd. Wedi hynny, dadfeilio'n araf fu ei hanes, er iddo gael ei ddefnyddio fel carchar. Ym 1593, er enghraifft, carcharwyd merthyr Pabyddol yma cyn ei ddienyddio, sef y Tad William Davies. Roedd ef mor boblogaidd fel y bu'n rhaid anfon i Gaer am grogwr, gan nad oedd unrhyw un lleol yn fodlon gwneud y gwaith. Yn y Rhyfel Cartref, daliwyd Castell Biwmares ar ran Siarl I, ond ildiodd i filwyr y Senedd ym Mehefin 1646.

Wedi'r Adferiad ym 1660, esgeuluswyd y castell yn llwyr nes iddo gael ei brynu ym 1807 gan yr Arglwydd Bulkeley, y bu nifer o'i gyndadau yn gwnstabliaid yma. Fe'i defnyddiwyd ar gyfer achlysuron cymdeithasol o hynny ymlaen, ond roedd ei ddyddiau fel castell wedi dod i ben.

Beaumaris Castle

Today we generally see castles that have declined somewhat from their former grandeur. At Beaumaris, however, we have a castle that never attained its intended grandeur in the first place.

This was the last in the chain of castles built by Edward I to try to encircle North Wales following the second phase of his campaign in the thirteenth century. Those at Flint and Rhuddlan had been completed, while by the end of the 1280s, those at Conwy, Caernarfon and Harlech were either completed or near completion. There was a missing link, however, on Anglesey. In 1283 a site was chosen and a plan prepared: again by Master James of St George. The castle would be built on level ground by the Menai Strait: a pleasant marsh or 'beau mareys' in Norman French, near Llan-faes, then an important port and arrival point for travellers on their way to Ireland after crossing from Aber on the mainland. There too in 1237, Joan, wife of Llywelyn ap Iorwerth, Llywelyn the Great, was buried.

In 1294 an uprising led by Madog ap Llywelyn became the spur to begin the work. Caernarfon was ravaged and the sheriff of Anglesey, Roger de Pulesdon, the man who held the manor of Llan-faes, was hanged. Edward struck back sharply. He defeated the insurgents and then evicted the Welsh people of Llan-faes from their homes and sent them to a new settlement twelve miles away, at Newborough. Then in April 1295 he began to build the castle and English borough of Beaumaris.

Work progressed quickly at first, with Edward present for the first month, and by February 1296 there were gates in the outer gatehouses. Building then slowed down and stopped altogether between 1300 and 1306, while Edward was in Scotland. The constable wrote to him in 1306, pleading that the castle be completed as it was still in no condition to withstand an attack. Work did then restart and continued fitfully until 1330. Yet the castle was not completed as planned. The gatehouses and towers were not raised to their full height; no battlements were placed on the inner walls and towers, and no turrets were built at all. In outline, therefore, the castle we see today is as it was when work stopped in 1330.

Owain Glyndŵr captured the castle in 1403 and held it for about two years. From then on it declined slowly, despite being used as a prison. A Catholic martyr, Fr. William Davies, was imprisoned here before his execution in 1593, for example. He was so popular that no local person was prepared to execute him and a hangman had to be brought from Chester. In the Civil War, Beaumaris Castle was held for Charles I, but in June 1646 it surrendered to Parliamentary troops.

Following the Restoration in 1660 the castle was totally neglected until 1807, when it was bought by Lord Bulkeley, a number of whose ancestors had been constables here. It was used for social occasions from then on but its days as a castle had come to an end.

3. Castell Caerdydd *Cardiff Castle*

Castell Caerdydd

Maint y llun wedi ei wnïo ar ddefnydd 14 edau i'r fodfedd gan gynnwys y border:

5.5" x 5.5" neu 14cm. x 14cm.

Nifer y pwythau: 77 x 77

I wnïo'r llun ar Aida 14 edau i'r fodfedd neu ar ddefnydd gwead gwastad 28 edau i'r fodfedd, bydd angen darn o ddefnydd yn mesur:

12" x 12" neu 30.5cm. x 30.5cm.

Arweiniad i'r gwnïo

Defnyddiwch 2 edefyn i wnïo pob croesbwyth, ac eithrio wrth wnïo'r awyr.

Defnyddiwch 1 edefyn yr un o liwiau 775 a 3325 i wnïo'r awyr.

Cardiff Castle

Size of the picture sewn on 14 count fabric and including the border:

5.5" x 5.5" or 14cm. x 14cm.

Stitch count: 77 x 77

To sew the picture on 14 count Aida or 28 count evenweave, you will need a piece of material measuring:

12" x 12" or 30.5cm. x 30.5cm.

Sewing guide

Use 2 strands of thread to sew each cross stitch, except when sewing the sky.

To sew the sky use 1 strand of each of the colours 775 and 3325.

Castell Caerdydd

Gwelir ôl teulu Bute ledled Caerdydd, ac ail Ardalydd Bute oedd yn bennaf cyfrifol am ddatblygiad prifddinas Cymru. Fodd bynnag, ei fab, y trydydd Ardalydd, a'i gyfaill y pensaer William Burges oedd yn gyfrifol am y ffantasi Gothig a saif yn awr ar safle hen Gastell Caerdydd. Ac er bod nifer o'r adeiladau presennol wedi eu codi yn y bedwaredd ganrif ar bymtheg, *mae yna* hen gastell yma: hen gastell a godwyd ar seiliau caer Rufeinig a sefydlwyd yn y ganrif gyntaf OC.

Cododd y Norman Robert Fitzhamon gastell pren mwnt–a–beili a ffos o'i amgylch o fewn ffiniau'r hen gaer yn yr unfed ganrif ar ddeg, ond ei fab-yng-nghyfraith, Robert 'y Conswl', a gododd y castell cerrig a welwn yn y llun, ychydig wedi 1120. Dilynwyd Robert gan ei fab William ym 1147. Roedd ucheldir Morgannwg yn dal yn nwylo Cymry ar y pryd ac Ifor ap Meurig, Ifor Bach, oedd arglwydd Senghennydd. Ym 1158 ymosododd Ifor ar y castell yn sydyn liw nos, gan gipio William a'i deulu a'u dal yn gaeth nes iddo gael iawn am golledion a ddioddefasai.

Rhwng 1263 a 1326 bu Caerdydd ym meddiant Gilbert de Clare, oedd â'i fryd ar rwystro Llywelyn ap Gruffudd rhag ymestyn ei ddylanwad ym Morgannwg, a Hugh Despenser, siambrlen Edward II a gŵr hynod ddiegwyddor. Yna newidiodd ddwylo sawl gwaith. Yn dilyn ymgais Owain Glyndŵr i gipio Caerdydd ym 1404, ehangwyd y castell, oedd fawr mwy na'r tŵr ar y mwnt, gan godi neuadd ac ail dŵr ar ochr orllewinol yr hen gaer.

Aeth y castell o deulu i deulu yn ystod Rhyfeloedd y Rhosynnau, ac ym 1486 rhoddodd Harri VII ef i'w ewythr, Siasbar Tudur, Iarll Penfro. Ar ôl 1550 fe'i daliwyd gan y teulu Herbert, ac ychwanegwyd at y castell eto tua diwedd y ganrif. Ar ddechrau'r Rhyfel Cartref ym 1642 cefnogai Philip Herbert y Senedd a chymerwyd y castell oddi arno, i'w ddal ar ran y brenin hyd 1645. Er iddo gael ei ddifrodi, yn ffodus ni chwalwyd y castell wedi'r rhyfel. Erbyn hynny, fodd bynnag, roedd y teulu'n canolbwyntio ar eu tiroedd yn Lloegr, ac wedi'r Adferiad ym 1660 ychydig o sylw a gafodd Castell Caerdydd.

Ym 1776 aeth y castell trwy briodas i feddiant teulu Iarll Bute a dechreuwyd gwneud newidiadau iddo. Dymchwelwyd rhan flaen y tŵr, llenwyd y ffos o'i amgylch ac ailadeiladwyd rhannau eraill o'r castell. Fe'i hetifeddwyd gan y trydydd Ardalydd ym 1848, pan oedd yn chwe mis oed, a phan ddaeth i oed bu tro mawr ar fyd. Cyfarfu â'r pensaer William Burges ym 1865 a gofynnodd iddo am gynllun i adnewyddu'r castell. Derbyniwyd ei syniadau a dechreuwyd ar y gwaith.

Mynnodd Bute ailadeiladu muriau'r gaer Rufeinig ar eu hen sylfeini, a thra oedd y gwaith yn mynd rhagddo, adferwyd y tŵr a welwn yn y llun, sef y tŵr cerrig gwreiddiol, gan ailagor y ffos ac ychwanegu grisiau i fyny'r mwnt. Bu Burges farw ym 1881 a'r Ardalydd ym 1900, ond aeth y gwaith ymlaen hyd 1925 a chrëwyd y casgliad hynotaf o adeiladau neo-Gothig ym Mhrydain o fewn ffiniau'r hen gaer.

Cardiff Castle

Evidence of the Bute family can be found throughout Cardiff and, indeed, the second Marquess of Bute was largely responsible for the growth of the Welsh capital. It was his son, the third Marquess, and his friend the architect William Burges however, who were responsible for the Gothic fantasy that now stands on the site of the old Cardiff Castle. Although many of the present buildings are of the nineteenth century, there is still an old castle here: one built on the foundations of a Roman fort established during the first century A.D.

The Norman Robert Fitzhamon raised a wooden motte and bailey castle enclosed by a moat within the fort in the eleventh century, but it was his son-in-law, Robert 'the Consul', who built the stone castle we see in the picture, shortly after 1120. In 1147 he was succeeded by his son William. At that time the uplands of Glamorgan were still in Welsh hands and the lord of Senghennydd was Ifor ap Meurig, Ifor Bach. Ifor overran the castle suddenly one night in 1158, abducted William and his family and held them prisoner until he was compensated for losses he had suffered.

Between 1263 and 1326, Cardiff was held by Gilbert de Clare who was determined to prevent Llywelyn ap Gruffudd from extending his influence in Glamorgan, and Hugh Despenser, Edward II's chamberlain and a most unprincipled man. It then changed hands several times. Following Owain Glyndŵr's attempt to capture Cardiff in 1404, the castle, still hardly more than the keep on the motte, was enlarged with a hall and a second tower on the western side of the old fort.

During the Wars of the Roses the castle went from one family to another and in 1486 Henry VII gave it to his uncle, Jasper Tudor, Earl of Pembroke. The Herberts held it after 1550 and the castle was further extended about the end of the century. At the start of the Civil War in 1642, Philip Herbert supported Parliament but the castle was confiscated and held for the king until 1645. Although damaged, it fortunately was not demolished after the war. By then, however, the family concentrated on their English estates and after the Restoration in 1660, gave Cardiff little attention.

In 1776 the castle passed by marriage to the Earl of Bute's family and changes began. The front of the keep was demolished, the moat was filled in and other parts of the castle were rebuilt. The third Marquess inherited it in 1848, when only six months old and took it in hand as soon as he came of age. He asked the architect William Burges, whom he'd met in 1865, to prepare a plan for renovating the castle. Bute accepted his ideas and the work began.

The Marquess insisted on rebuilding the walls of the Roman fort on their old foundations and while that work went on, the tower we see in the picture, the original stone keep, was restored, the moat reopened and steps built up the motte. Burges died in 1881 and the Marquess also in 1900 but work continued until 1925, creating the most remarkable collection of neo-Gothic buildings in Britain.

4. Castell Caerffili *Caerphilly Castle*

Castell Caerffili

Maint y llun wedi ei wnïo ar ddefnydd 14 edau i'r fodfedd, gan gynnwys y border:

8.7" x 5.6" neu 22.1cm. x 14.2cm.

Nifer y pwythau: 122 x 78

I wnïo'r llun ar Aida 14 edau i'r fodfedd neu ar ddefnydd gwead gwastad 28 edau i'r fodfedd, bydd angen darn o ddefnydd yn mesur:

14" x 12" neu 35.5cm. x 30.5cm.

Arweiniad i'r gwnïo

Defnyddiwch 2 edefyn i wnïo pob croesbwyth, ac eithrio wrth wnïo'r awyr, y dŵr ac adlewyrchiadau'r castell yn y dŵr.

Defnyddiwch 1 edefyn lliw 3325 i wnïo'r awyr.

Defnyddiwch 1 edefyn yr un o liwiau 312, 334 a 3325 i wnïo'r dŵr.

Defnyddiwch 1 edefyn yr un o'r lliwiau a ddangosir ar y patrwm i wnïo adlewyrchiadau'r castell yn y dŵr.

Caerphilly Castle

Size of the picture sewn on 14 count fabric and including the border:

8.7" x 5.6" or 22.1cm. x 14.2cm.

Stitch count: 122 x 78

To sew the picture on 14 count Aida or 28 count evenweave, you will need a piece of fabric measuring:

14" x 12" or 35.5cm. x 30.5cm.

Sewing guide

Use 2 strands of thread to sew each cross stitch, except when sewing the sky, the water and the reflections of the castle in the water.

To sew the sky use 1 strand of the colour 3325.

To sew the water use 1 strand of each of the colours 312, 334 and 3325.

To sew the reflections of the castle in the water use 1 strand of each of the colours indicated on the chart.

Castell Caerffili

Dyma gastell mwyaf Cymru ac un o gadarnleoedd mwyaf trawiadol Prydain a godwyd, yn ddiddorol iawn, nid gan frenin o Loegr, ond gan un o'i farwniaid. Fe heria Castell Caerffili nifer o ragdybiau poblogaidd am gestyll hefyd: er enghraifft, nid yw'n sefyll ar graig, na hyd yn oed ar fryn, ond mewn pant, ac fe'i hamgylchynir nid gan ffos ond yn hytrach gan nifer o lynnoedd.

Adeiladwyd y castell rhwng 1268 a 1271 gan Gilbert de Clare, Iarll Caerloyw, a dyfeisiwyd ei gynllun consentrig yn gynharach na chynlluniau cestyll mwy adnabyddus Edward I yng Ngogledd Cymru. Bu de Clare yn cynorthwyo adeg gwarchae Castell Kenilworth ym 1266 a gwnaeth y dyfroedd o gwmpas y castell hwnnw y fath argraff arno fel y penderfynodd ddefnyddio amddiffynfeydd cyffelyb yng Nghaerffili. Roedd Llywelyn ap Gruffudd yn ymestyn ei deyrnas i'r rhan fwyaf o Gymru ar y pryd ac yn gwthio tuag at ucheldiroedd Morgannwg. Bwriad de Clare wrth adeiladu Castell Caerffili oedd rhwystro Llywelyn a gosod pwysau ar bendefigion y Cymry ym Morgannwg oedd yn tueddu at Dywysog Gwynedd.

Ymosododd Llywelyn ar y castell ym 1270 a'i losgi, ond gwrthymosododd de Clare ac ailddechrau adeiladu. Fel roedd Llywelyn yn paratoi i ddychwelyd, ymyrrodd Harri III a gosod Castell Caerffili dan warchodaeth y goron. Llwyddodd de Clare i'w adfeddiannu trwy dwyll, ac aeth yr adeiladu yn ei flaen. Lladdwyd Llywelyn yn Rhagfyr 1282, felly byr fu cyfnod Caerffili fel castell ffiniol a daeth yn ganolfan weinyddol i de Clare yn yr ucheldir. Ymosodwyd ar y castell gan Morgan ap Maredudd yng ngwrthryfel 1294 a chan Llywelyn Bren ym 1316, ond safodd yn gadarn yn erbyn y ddau.

Aeth Caerffili trwy briodas i ddwylo Hugh Despenser, siambrlen Edward II a gŵr hynod o ddiegwyddor a chreulon. Er hynny, iddo ef mae'r diolch am ailadeiladu Neuadd Fawr y castell yn gynnar yn y bedwaredd ganrif ar ddeg. Ym 1327 cipiodd y Frenhines Isabella a Roger Mortimer y castell yn ystod eu gwrthryfel yn erbyn y brenin ond, er ei adennill, esgeuluso Caerffili a wnaeth teulu Despenser weddill y ganrif. Ym 1486 rhoddodd Harri VII y castell i'w ewythr, Siasbar Tudur, Iarll Penfro, ond dirywio a wnaeth tra oedd yn eiddo iddo yntau hefyd.

Awgrymwyd bod rhannau o'r muriau wedi eu chwalu yn ystod y Rhyfel Cartref, er nad oes tystiolaeth o hyn. Tebycach yw mai ymsuddiad y tir a achosodd y difrod wedi i ddŵr hidlo o'r llynnoedd o ganlyniad i esgeuluso'r llifddorau. Mae'n siŵr mai dyna sy'n gyfrifol am 'dŵr gogwyddol Caerffili' a welir ar y dde yn y llun. Ym 1776, eto trwy briodas, aeth Castell Caerffili, fel Castell Caerdydd, i deulu Iarll Bute. Bu'r teulu'n ddiwyd iawn yn adfer ac yn atgyweirio'r castell tua diwedd y bedwaredd ganrif ar bymtheg a rhwng 1928 a 1939, pan ail-foddwyd y llynnoedd yn rhannol hefyd.

Caerphilly Castle

This is the largest castle in Wales and one of Britain's most impressive fortresses, built, interestingly, not by an English king but by one of his barons. Caerphilly Castle defies some popular preconceptions about castles: it does not stand on a rock or even on a hill, for instance, but in a hollow and is ringed not so much by a moat as by a series of lakes.

The castle was built between 1268 and 1271 by Gilbert de Clare, Earl of Gloucester, and its concentric design predates Edward I's better-known concentric castles in North Wales. De Clare assisted at the siege of Kenilworth Castle in 1266 and was so impressed by the waters around that castle that he decided to employ a similar method of defence at Caerphilly. Llywelyn ap Gruffudd was extending his realm to most of Wales at the time and was moving towards the uplands of Glamorgan. De Clare's purpose in building Caerphilly Castle was to thwart Llywelyn and put pressure on the Welsh magnates of Glamorgan who inclined towards the Prince of Gwynedd.

Llywelyn attacked and burnt the castle in 1270 but de Clare counter-attacked and resumed building. As Llywelyn prepared to return, Henry III intervened, putting Caerphilly Castle under the guardianship of the crown. De Clare regained it through trickery, and building continued. Llywelyn was killed in December 1282, therefore Caerphilly's role as a frontier fortress lasted only a short time and it became de Clare's upland administrative centre. The castle was attacked by Morgan ap Maredudd during the revolt of 1294 and by Llywelyn Bren in 1316, but it withstood both assaults.

Caerphilly passed by marriage into the hands of Edward II's chamberlain, Hugh Despenser: a most unprincipled and cruel man. However, he was responsible for rebuilding the castle's Great Hall early in the fourteenth century. In 1327 Queen Isabella and Roger Mortimer captured the castle during their uprising against the king but, despite regaining it, the Despenser family neglected Caerphilly during the rest of the century. In 1486 Henry VII granted the castle to his uncle, Jasper Tudor, Earl of Pembroke, but its condition deteriorated in his hands too.

It has been suggested that parts of the walls were demolished during the Civil War, although there is no evidence of this. It is more likely that the damage was caused by subsidence as water seeped from the lakes when the sluices were neglected. That is probably what led to the 'leaning tower of Caerphilly', seen on the right of the picture. In 1776, again by marriage, Caerphilly Castle passed to the Earl of Bute's family, as did Cardiff Castle. The family assiduously repaired and restored the castle towards the end of the nineteenth century and between 1928 and 1939, when the lakes were also partly reflooded.

5. Castell Caeriw *Carew Castle*

Castell Caeriw

Maint y llun wedi ei wnïo ar ddefnydd 14 edau i'r fodfedd, gan gynnwys y border:

6" x 4" neu 15.2cm. x 10.2cm.

Nifer y pwythau: 84 x 56

I wnïo'r llun ar Aida 14 edau i'r fodfedd neu ar ddefnydd gwead gwastad 28 edau i'r fodfedd, bydd angen darn o ddefnydd yn mesur:

12" x 10" neu 30.5cm. x 25.5cm.

Arweiniad i'r gwnïo

Defnyddiwch 2 edefyn i wnïo pob croesbwyth, ac eithrio wrth wnïo'r awyr a'r dŵr.

Defnyddiwch 1 edefyn yr un o liwiau 775 a 3325 i wnïo'r awyr.

Defnyddiwch 1 edefyn yr un o liwiau 334 a 3325 i wnïo'r dŵr.

Carew Castle

Size of the picture sewn on 14 count fabric and including the border:

6" x 4" or 15.2cm. x 10.2cm.

Stitch count: 84 x 56

To sew the picture on 14 count Aida or 28 count evenweave, you will need a piece of fabric measuring:

12" x 10" or 30.5cm. x 25.5cm.

Sewing guide

Use 2 strands of thread to sew each cross stitch, except when sewing the sky and the water.

To sew the sky use 1 strand of each of the colours 775 and 3325.

To sew the water use 1 strand of each of the colours 334 and 3325.

Castell Caeriw

Credir fod llys yn perthyn i deulu brenhinol Deheubarth wedi bod yma yng Nghaeriw, ychydig i'r dwyrain o Benfro, hyd at ddechrau'r unfed ganrif ar ddeg. Tua 1100 priododd Nest, merch Rhys ap Tewdwr, brenin Deheubarth, â Gerald de Windsor, Norman fu'n geidwad Castell Penfro wedi cwymp teulu Montgomery ym 1102. Wŷr i'r ddau yn ddiweddarach fyddai Gerallt Gymro. Mae'n debyg i Gerald de Windsor dderbyn Caeriw yn rhan o waddol Nest, ac ymhen blwyddyn neu ddwy cododd ei gastell ei hun yma. Gweithred go symbolaidd oedd diddymu hen lys Cymreig a chodi castell Normanaidd yn ei le, gan ddisodli awdurdod Cymreig ag awdurdod Normanaidd.

Castell bach mwnt-a-beili a phalis o bren o'i amgylch a gododd Gerald gyntaf, ond yn fuan adeiladodd dŵr o gerrig, sydd yma byth, yn rhan o ochr ddwyreiniol y castell presennol. Bu Gerald farw ym 1116 ac fe'i dilynwyd yma gan ei fab William, a fabwysiadodd yr enw de Carew, cyfenw a ddefnyddir gan ei ddisgynyddion heddiw.

Yn ystod ail hanner y ddeuddegfed ganrif codwyd castell cadarnach o gerrig yma ond, ganrif yn ddiweddarach, pan oedd anfodlonrwydd y Cymry'n cynyddu a chyrchoedd Llywelyn ap Gruffudd ar y gorwel, aethpwyd ati o ddifrif i'w gryfhau. Ailadeiladwyd y castell o'r brig i'r bôn. Dyna pryd y codwyd y rhan orllewinol drawiadol a welir ar y chwith yn y llun, gyda'r ddau dŵr crwn cadarn yn rhythu'n fygythiol i lawr yr afon.

Ym 1480 aeth Castell Caeriw i feddiant Rhys ap Thomas o Ddinefwr a ddechreuodd ei drawsnewid yn blasty, gan fwriadu creu cartref addas i foneddwr a'i deulu. Ymunodd Rhys â Harri Tudur ym mrwydr Bosworth ym 1485, gan elwa ar hynny weddill ei oes. Daeth yn aelod o Urdd y Gardys, er enghraifft, a threfnodd dwrnamaint mawr yma yn Ebrill 1507 i ddathlu'r achlysur. Ar ei farwolaeth ym 1525 aeth Caeriw i feddiant ei fab, Rhys arall, ond chwe blynedd yn ddiweddarach fe'i dienyddiwyd am deyrnfradwriaeth ac aeth y castell i ddwylo'r goron.

Roedd newidiadau mawr ar droed bellach a dyddiau cestyll yn dod i ben, wrth i lawer yn hytrach chwennych cartrefi moethus a rhodresgar. Ym 1558 cymerodd Syr John Perrot, y dywedid ei fod yn fab anghyfreithlon i Harri VIII, Gastell Caeriw. Dymchwelodd Syr John ochr ogleddol y castell, gan godi darn trillawr hardd yn yr arddull Duduraidd yn ei le. Roedd wedi bwriadu gwneud mwy yma ond, wedi gwasanaethu Elizabeth I mewn sawl swydd uchel, fe'i cyhuddwyd yntau o deyrnfradwriaeth. Bu farw ym 1592 cyn ei ddienyddio, ac aeth y castell yn ôl i'r goron.

Yn y Rhyfel Cartref cefnogai Penfro'r Senedd ond daliwyd Caeriw gan frenhinwyr. Bu dan warchae am fis ym 1645 cyn ildio i filwyr y Senedd, ac yna dymchwelwyd rhannau ohono. Dadfeilio'n araf fu ei hanes wedyn, er iddo gael ei ddychwelyd i feddiant y teulu Carew wedi'r Adferiad.

Carew Castle

A hall belonging to the royal family of Deheubarth is thought to have stood here at Carew, a little to the east of Pembroke, until the early twelfth century. About 1100, Nest, daughter of Rhys ap Tewdwr, king of Deheubarth, married a Norman, Gerald de Windsor, who held Pembroke Castle after the fall of the Montgomery family in 1102. 'Gerald of Wales' would later be their grandson. Gerald de Windsor probably received Carew as part of Nest's dowry and in a year or two he built his own castle here: it was a very symbolic act to demolish an old Welsh hall and raise a Norman castle in its place, replacing Welsh authority with that of the Normans.

Gerald first raised a small motte and bailey castle within a wooden palisade, but soon he built a stone tower, which still stands: part of the east front of the present castle. When he died in 1116, he was succeeded here by his son William, who adopted the name de Carew, a surname used by his descendants today.

During the second half of the twelfth century, a sturdier stone castle was built, but a century later, as Welsh discontent grew and the campaigns of Llywelyn ap Gruffudd loomed, efforts were redoubled. The castle was rebuilt from top to bottom. It was then that the impressive west face was built, seen on the left of the picture with the two solid round towers staring menacingly down the river.

In 1480, Carew Castle went to Rhys ap Thomas of Dinefwr, who began to transform it into a mansion rather than a castle, intending to create a home fit for a nobleman and his family. Rhys joined Henry Tudor at the battle of Bosworth in 1485, profiting from it for the rest of his life. He became a member of the Order of the Garter, for example and held a great tournament here in April 1507 to celebrate the occasion. On his death in 1525, Carew went to his son, another Rhys, but six years later he was executed for high treason and the castle passed to the crown.

Great changes were afoot and many began to shun castles in favour of comfortable and ostentatious homes. In 1558 Sir John Perrot, said to be an illegitimate son of Henry VIII, acquired Carew Castle. Perrot took down the north face of the castle, replacing it with a beautiful three-storey Tudor structure. He intended to do more here, but having served Elizabeth I in several important positions, he too was accused of high treason. He died in 1592 before being executed, and the castle once more reverted to the crown.

In the Civil War, nearby Pembroke supported Parliament but Carew was held by royalists. It was besieged for a month in 1645 before yielding to Parliamentary troops, and parts of it were then demolished. Its later history was one of gradual decline, despite being returned to the Carew family after the Restoration.

6. Castell Caernarfon *Castle*

Castell Caernarfon

Maint y llun wedi ei wnïo ar ddefnydd 14 edau i'r fodfedd, gan gynnwys y border:

8.5" x 6.4" neu 21.6cm. x 16.1cm.

Nifer y pwythau: 119 x 89

I wnïo'r llun ar Aida 14 edau i'r fodfedd neu ar ddefnydd gwead gwastad 28 edau i'r fodfedd, bydd angen darn o ddefnydd yn mesur:

14" x 12" neu 35.5cm. x 30.5cm.

Arweiniad i'r gwnïo

Defnyddiwch 2 edefyn i wnïo pob croesbwyth, ac eithrio wrth wnïo'r awyr.

Defnyddiwch 1 edefyn lliw 3325 i wnïo'r awyr.

Defnyddiwch 1 edefyn yr un o liwiau 502, 931, 932 a 3042 i wnio'r dŵr.

Defnyddiwch 1 edefyn o edau gwyn (DMC blanc) a hirbwythau i wnïo'r polion fflag a'r mastiau.

Caernarfon Castle

Size of the picture sewn on 14 count fabric and including the border:

8.5" x 6.4" or 21.6cm. x 16.1cm.

Stitch count: 119 x 89

To sew the picture on 14 count Aida or 28 count evenweave, you will need a piece of fabric measuring:

14" x 12" or 35.5cm. x 30.5cm.

Sewing guide

Use 2 strands of thread to sew each cross stitch, except when sewing the sky.

To sew the sky use 1 strand of the colour 3325.

To sew the water use 1 strand of each of the colours 502, 931, 932 and 3042.

To sew the flagpoles and the masts use 1 strand of white thread (DMC blanc) and long stitches.

Castell Caernarfon

Un o'r gadwyn o gestyll a adeiladodd Edward I i geisio amgylchynu Gogledd Cymru yn ystod ei ail ymgyrch yn y wlad yw Castell Caernarfon. Gellid dadlau mai dyma'r ardderchocaf o'r gadwyn honno, os nad o'r cwbl o gestyll Cymru. Saif yn awdurdodol ar aber afon Seiont, gan edrych allan dros y Fenai ac Ynys Môn. Nid hwn oedd y castell cyntaf yma: codwyd un gan Hugh d'Avranches, Iarll Caer, tua 1090 a chredir y bu gan dywysogion Gwynedd un yma'n ddiweddarach.

Erbyn diwedd 1282 roedd Llywelyn ap Gruffudd wedi ei ladd a Dafydd ei frawd yn debyg o gael ei drechu cyn bo hir. Er mwyn ffrwyno Gwynedd unwaith ac am byth, penderfynodd Edward godi cestyll yng Nghonwy, Caernarfon a Harlech. Dechreuodd y gwaith ar y castell yma ac ar furiau'r dref tua mis Mai 1283 ac aeth rhagddo mor gyflym fel y dywedir i Elinor, gwraig Edward, esgor ar eu mab – Edward II yn ddiweddarach – yn y castell yn Ebrill 1284. Roedd y castell a'r muriau bron wedi eu cwblhau erbyn 1285. Er i Edward, yn ôl y sôn, gyflwyno ei fab i'r Cymry yng Nghaernarfon, does dim tystiolaeth ei fod wedi dychwelyd yma'n oedolyn.

Mae'n amlwg nad adeiladu'r castell hwn am resymau milwrol yn unig oedd Edward; roedd hefyd yn gwneud datganiad mewn carreg. Mae ei waith yma'n frith o symbolau, ac yn wir, symbol yw'r castell ei hun, gyda'i dyrau uchel rhodresgar, sef symbol o rym imperialaidd brenin Lloegr dros y Cymry. Gwelwn ym muriau'r castell adlewyrchiad o furiau a godwyd gan yr Ymerawdwr Theodosius II yng Nghaer Gystennin yn y bumed ganrif. Gwelwn hefyd symboliaeth imperialaidd yn lleoliad y castell sef ger Segontium, y gaer Rufeinig ar fryn gerllaw, a gysylltir â Macsen Wledig a'i freuddwyd yn y Mabinogi. Mae'n amlwg i Edward a'r Meistr James o St George, a gyfarwyddodd yr adeiladu, roi cryn ystyriaeth i'r mater cyn dechrau'r gwaith.

Cipiwyd Caernarfon yng ngwrthryfel Madog ap Llywelyn ym 1294 ac fe'i difrodwyd yn arw. Wedi iddo ei adfeddiannu, ailadeiladodd Edward y rhannau a chwalwyd a pharhawyd i gryfhau'r castell hyd tua 1330, pan ymddangosai fwy neu lai fel y mae heddiw.

Bu dan warchae gan Owain Glyndŵr ym 1403 a 1404 ond goroesodd oherwydd fod modd ei gyflenwi o'r môr. Yn ystod Rhyfeloedd y Rhosynnau, newidiodd ddwylo sawl gwaith, ond ychydig o wybodaeth am y cyfnod hwn a oroesodd. Pallodd pwysigrwydd cestyll mawr erbyn yr unfed ganrif ar bymtheg a dadfeiliodd Castell Caernarfon i raddau, ond ar ddechrau'r Rhyfel Cartref fe'i garsiynwyd ar ran y goron. Newidiodd ddwylo fwy nag unwaith eto cyn ei gipio yn y diwedd gan luoedd y Senedd ym 1648.

Gorchmynnwyd dymchwel y castell ym 1660, ond nid ufuddhawyd i'r gorchymyn ac ym 1911 daeth Edward arall yma i'w arwisgo'n Dywysog Cymru, i'w ddilyn ym 1969 gan y Tywysog Siarl.

Caernarfon Castle

Caernarfon is one of the chain of castles built by Edward I as he tried to encircle North Wales during his second Welsh campaign. It may be argued that this is the most splendid in that chain, if not of all Welsh castles, standing imperiously at the mouth of the river Seiont, overlooking the Menai Straits and Anglesey. This was not the first castle here: Hugh d'Avranches, Earl of Chester, built one here about 1090 and it is believed that the princes of Gwynedd had one here later.

By the end of 1282, Llywelyn ap Gruffudd was dead and Dafydd his brother likely to be defeated before long. In order to shackle Gwynedd once and for all, Edward decided to build castles at Conwy, Caernarfon and Harlech. Work on this castle and on the town walls began about May 1283 and progressed so rapidly that Edward's wife Eleanor is said to have given birth to their son, the future Edward II, in the castle in April 1284. Both castle and walls were largely complete by 1285. Although Edward, according to tradition, presented his son to the people of Wales at Caernarfon, there is no evidence that he ever returned there as an adult.

Edward clearly did not build this castle solely for military reasons. He was also making a statement in stone. His work here is full of symbolism and indeed the castle itself with its high and haughty towers is a symbol: that of the imperial power of the king of England over the Welsh. We see in the castle walls a reflection of the walls of Constantinople, built by the Emperor Theodosius II in the fifth century. We also see symbolism in the choice of location for the castle: close to Segontium, the Roman fort on a nearby hill which is associated with Magnus Maximus and his dream in the Mabinogi. Edward and the Master James of St George, who directed the building work, clearly gave those matters some thought before work began.

Caernarfon was captured and suffered considerable damage during the revolt led by Madog ap Llywelyn in 1294. Having regained control, Edward repaired the damage and the castle continued to be strengthened until about 1330, when it probably appeared much as it does today.

Owain Glyndŵr besieged it in 1403 and 1404 but it held out, as it could be supplied by sea. In the Wars of the Roses it changed hands more than once, but few details of this period have survived. By the sixteenth century the importance of great castles had diminished and Caernarfon fell into some disrepair. On the outbreak of the Civil War, however, it was again garrisoned, on behalf of the crown. It once more changed hands several times, finally falling to Parliamentary forces in 1648.

The castle was ordered to be demolished in 1660, but the order was not obeyed and in 1911 another Edward came here to be invested Prince of Wales, to be followed in 1969 by Prince Charles.

7. Castell Cas-gwent *Chepstow Castle*

Castell Cas-gwent

Maint y llun wedi ei wnïo ar ddefnydd 14 edau i'r fodfedd, gan gynnwys y border:

8.4" x 6.6" neu 21.2cm. x 16.9cm.

Nifer y pwythau: 117 x 93

I wnïo'r llun ar Aida 14 edau i'r fodfedd neu ar ddefnydd gwead gwastad 28 edau i'r fodfedd, bydd angen darn o ddefnydd yn mesur:

14" x 12" neu 35.5cm. x 30.5cm.

Arweiniad i'r gwnïo

Defnyddiwch 2 edefyn i wnïo pob croesbwyth, ac eithrio wrth wnïo'r awyr a'r afon.

Defnyddiwch 1 edefyn lliw 3325 i wnïo'r awyr.

Defnyddiwch 1 edefyn yr un o liwiau 502, 931 a 932 i wnïo'r afon.

Chepstow Castle

Size of the picture sewn on 14 count fabric and including the border:

8.4" x 6.6" or 21.2cm. x 16.9cm.

Stitch count: 117 x 93

To sew the picture on 14 count Aida or 28 count evenweave, you will need a piece of fabric measuring:

14" x 12" or 35.5cm. x 30.5cm.

Sewing guide

Use 2 strands of thread to sew each cross stitch, except when sewing the sky and the river.

To sew the sky use 1 strand of the colour 3325.

To sew the river use 1 strand of each of the colours 502, 931 and 932.

Castell Cas-gwent

Codwyd y mwyafrif o gestyll Normanaidd yn wreiddiol o bridd a phren, ar ffurf mwnt-a-beili, ond castell o garreg fu Castell Cas-gwent o'r cychwyn. Dechreuwyd ei godi ym 1067 gan William Fitzosbern o Breteuil yn Normandi, ar grib uwch glan orllewinol afon Gwy. Mae'r neuadd garreg ddeulawr, hirsgwar gododd William yma o hyd, yn ganolbwynt y castell presennol, sef yr adeilad carreg seciwlar hynaf y gellir ei ddyddio'n gywir ym Mhrydain.

Ymladdodd William Fitzosbern wrth ochr William y Concwerwr ym mrwydr Hastings, ac am ei gyfraniad fe'i dyrchafwyd yn Iarll Henffordd. Yna dewisodd Gas-gwent, neu Ystraigyl fel y gelwid y lle ar y pryd, yn droedle ar gyfer ymosod ar Went. Bu farw ym 1071, a'i fab, Roger o Breteuil, a gwblhaodd gastell ei dad.

Aeth Cas-gwent i feddiant y teulu de Clare ym 1115, ac ym 1189 priododd un o ferched y teulu â William Marshal, a ddaeth yn Iarll Penfro, ac aeth y castell i'w deulu o. Roedd William Marshal yn adeiladwr cestyll hynod, fel y gwelwn yng Nghastell Penfro, ac ehangodd a chryfhaodd Gastell Cas-gwent.

Bu farw Marshal ym 1219 gan adael pump o feibion, ond yn anffodus bu farw'r pump ohonynt o fewn ychydig flynyddoedd heb feibion eu hunain i'w dilyn. Pan fu farw'r pumed, Anselm, ym 1245, aeth Cas-gwent i'w chwaer hynaf a thrwyddi hi i feddiant teulu Ieirll Norfolk. Roger Bigod, pumed Iarll Norfolk, a adeiladodd y mur o amgylch y dref oedd wedi tyfu y tu ôl i'r castell a thalodd hefyd am ailadeiladu abaty Tyndyrn, sydd ychydig yn uwch i fyny'r afon. Dyma gyfnod rhyfel Edward I yn erbyn Llywelyn ap Gruffudd, a chryfhaodd Roger Bigod y castell, ond bu yntau farw heb aer ac aeth Cas-gwent i feddiant y goron.

Bu'r castell hwn hefyd, fel cymaint o rai eraill, yn nwylo Hugh Despenser am gyfnod yn y bedwaredd ganrif ar ddeg, nes i'r Frenhines Isabella a Roger Mortimer godi mewn gwrthryfel yn erbyn Edward II ym 1326. Bygythiodd Owain Glyndŵr y castell ym 1403, ond daeth ei gyrch i ben ym Mrynbuga cyn iddo allu cyrraedd Cas-gwent.

Dros y ddwy ganrif nesaf bu Cas-gwent ym meddiant teuluoedd Ieirll Penfro a Chaerwrangon, ac ar ddechrau'r Rhyfel Cartref garsiynodd Iarll Caerwrangon y castell ar ran y brenin hyd nes y bu'n rhaid ildio i fyddin y Senedd yn Hydref 1645. Ym 1648 fe'i cipiwyd yn ôl gan frenhinwyr ond byr fu eu gafael y tro yma. Wedi'r rhyfel carcharwyd nifer o bobl yma, yn eu mysg Jeremy Taylor, Esgob Down a Connor, brenhinwr fu'n byw yn y Gelli Aur ac a gymerwyd yn garcharor yn Aberteifi. Wedi'r Adferiad, cadwyd Henry Marten yma, sef un a arwyddodd warant marwolaeth Siarl I; bu yma am ugain mlynedd tan ei farwolaeth ym 1680. Ddeng mlynedd yn ddiweddarach gadawodd y milwyr olaf y castell.

Chepstow Castle

Most Norman castles were originally motte and bailey constructions of earth and timber, but Chepstow Castle was a stone castle from its inception. William Fitzosbern of Breteuil in Normandy began to build it here on a ridge above the west bank of the river Wye in 1067. The rectangular two-storey hall of stone he built is still here, the core of the present castle: the earliest secular stone building that can be correctly dated in Britain.

William Fitzosbern fought alongside William the Conqueror at the battle of Hastings. For his service he was created Earl of Hereford and chose Chepstow or Ystraigyl, as the place was then called, as a foothold from which to attack Gwent. He died in 1071 and his son, Roger of Breteuil, completed his father's castle.

Chepstow passed to the de Clare family in 1115, and in 1189 a de Clare daughter married William Marshal, later to be Earl of Pembroke and the castle passed to his family. William Marshal, who was a remarkable castle builder, as we can see at Pembroke, extended and strengthened Chepstow Castle.

Marshal died in 1219, leaving five sons, but unfortunately all died within a few years without sons of their own to follow them. When the fifth, Anselm, died in 1245, Chepstow went to his eldest sister and through her to the family of the Earls of Norfolk. Roger Bigod, fifth Earl of Norfolk, built the wall around the town that had grown behind the castle. He also paid for the rebuilding of Tintern abbey, which is a little further up the river. This was the time of Edward I's war against Llywelyn ap Gruffudd, and Roger Bigod strengthened the castle but he also died without an heir and Chepstow went to the crown.

This castle too, like so many others, was in the hands of Hugh Despenser for a time in the fourteenth century, until Queen Isabella and Roger Mortimer rose against Edward II in 1326. Owain Glyndŵr threatened the castle in 1403 but he was stopped at Usk and was unable to reach Chepstow.

Over the next two centuries, Chepstow belonged to the families of the Earls of Pembroke and Worcester. At the beginning of the Civil War the Earl of Worcester garrisoned the castle on behalf of the king until it was taken by Parliamentary troops in October 1645. In 1648 it was again seized by royalists, but this time they only managed to hold it for a short while. After the war several people were imprisoned here, including Jeremy Taylor, bishop of Down and Connor, a royalist who once lived at Golden Grove and who was captured at Cardigan. After the Restoration, Henry Marten, a signatory of Charles I's death warrant, was held here for twenty years until his death in 1680. Ten years later the last soldiers left the castle.

8. Castell Cilgerran *Castle*

Castell Cilgerran

Maint y llun wedi ei wnïo ar ddefnydd 14 edau i'r fodfedd, gan gynnwys y border:

6" x 4" neu 15.2cm. x 10.2cm.

Nifer y pwythau: 84 x 56

I wnïo'r llun ar Aida 14 edau i'r fodfedd neu ar ddefnydd gwead gwastad 28 edau i'r fodfedd, bydd angen darn o ddefnydd yn mesur:

12" x 10" neu 30.5cm. x 25.5cm.

Arweiniad i'r gwnïo

Defnyddiwch 2 edefyn i wnïo pob croesbwyth, ac eithrio wrth wnïo'r awyr.

Defnyddiwch 1 edefyn lliw 3325 i wnïo'r awyr.

Cilgerran Castle

Size of the picture sewn on 14 count fabric and including the border:

6" x 4" or 15.2cm. x 10.2cm.

Stitch count: 84 x 56

To sew the picture on 14 count Aida or 28 count evenweave, you will need a piece of fabric measuring:

12" x 10" or 30.5cm. x 25.5cm.

Sewing guide

Use 2 strands of thread to sew each cross stitch, except when sewing the sky.

To sew the sky use 1 strand of the colour 3325.

Castell Cilgerran

Mae chwedlau di-rif ynghlwm wrth gestyll a henebion eraill, ond prin yw rhai sy'n sôn am eu sylfaenydd yn gorfod dianc o'i adeilad ei hun drwy'r tŷ bach! Dyna gawn yng Nghilgerran, fodd bynnag. 1109 oedd y dyddiad, a Gerald de Windsor oedd y gŵr y dywedir iddo ymadael mewn modd mor ddiurddas o'r castell a gododd yma.

Bu Gerald yn geidwad Castell Penfro, ac wedi priodi Nest, merch Rhys ap Tewdwr o Ddeheubarth tua 1100, cododd gastell Caeriw – lle arall sy'n hawlio'r chwedl am ei ddihangfa. Yna, ym 1108, gan ddymuno ehangu ei diroedd, daeth tua'r gogledd i'r fan yma uwchben afon Teifi, i godi castell a hawlio'r tir o'i gwmpas. Y flwyddyn ganlynol, a'r castell newydd ei gwblhau, ymosodwyd arno liw nos gan Owain ap Cadwgan o Bowys. Herwgipiodd Nest a dyna, yn ôl y sôn, pryd y dihangodd Gerald trwy'r geudy. Bu Nest gyda Owain am beth amser ac esgorodd ar blant iddo cyn dychwelyd at ei gŵr, oedd bellach yn ailgodi Cilgerran yn gastell cadarn o gerrig.

Pan fu farw Rhys ap Tewdwr ym 1093, llifodd Normaniaid i'r de-orllewin a chollodd Deheubarth diroedd ac awdurdod. Bu tro ar fyd pan ddaeth Rhys ap Gruffudd, sef yr Arglwydd Rhys, i'w harwain ym 1155. Trawodd yn ôl gan adennill tir a chipio sawl castell Normanaidd, gan gynnwys Castell Cilgerran. Ehangodd a chryfhaodd y castell, ac o ganlyniad gwrthsafodd sawl ymosodiad Normanaidd ffyrnig.

Trodd yr adfywiad a fu yn Neheubarth yn ystod bywyd yr Arglwydd Rhys yn anhrefn wedi ei farwolaeth ym 1197, wrth i'w feibion ymryson dros yr olyniaeth. Ym 1204 cipiodd William Marshal, Iarll Penfro, Gastell Cilgerran, ond ymhen ychydig, pan oedd Llywelyn Fawr wedi dod â pheth undod i Ddeheubarth, llwyddwyd i'w gymryd yn ôl. Yna, ym 1223, aeth i ddwylo mab William Marshal, William arall. Ailgododd hwn y castell eto, gan efelychu nodweddion a gyflwynwyd gan ei dad yng Nghastell Penfro. Erbyn 1245 roedd o a'i bedwar brawd wedi marw heb adael aer gwrywaidd ac aeth Cilgerran i feddiant Efa, gweddw William de Braose o'r Fenni. Ymhen amser, trwy ei merch hithau, aeth i feddiant teulu Barwniaid Hastings ac yna i'r goron.

Oherwydd anghydfod parhaol ymysg Cymry'r ardal, mae'n debyg na fu llawer o herio ar Gilgerran yn ystod rhyfel Edward I yn erbyn Llywelyn ap Gruffudd. Credir i Owain Glyndŵr gipio'r castell ar ddechrau'r bymthegfed ganrif, gan y bu'n rhaid ei adnewyddu'n fuan wedyn. Er i ymladd ffyrnig ddigwydd yng nghyffiniau Aberteifi a Chastellnewydd Emlyn yn ystod y Rhyfel Cartref, does dim tystiolaeth fod Cilgerran wedi chwarae rhan o bwys ynddo.

Ychydig o sylw a roddwyd i Gastell Cilgerran wedi diwedd yr ail ganrif ar bymtheg. Dirywiodd dros y blynyddoedd ond efallai iddo adael llwyfan hanes ag ychydig mwy o urddas nag a amlygwyd gan ei sylfaenydd sawl canrif ynghynt.

Cilgerran Castle

Innumerable legends inevitably cling to castles and other old buildings, but rare are those that tell of the founder having to flee his own building through the latrine shaft! That is what we have at Cilgerran however: the date was 1109 and Gerald de Windsor the man said to have left in such an undignified manner.

Gerald had held Pembroke Castle, and after marrying Nest, daughter of Rhys ap Tewdwr of Deheubarth about 1100, he built Carew Castle. Then in 1108, wishing to extend his estates, he came north to this spot above the river Teifi to build a castle and establish a claim to the surrounding land. The following year, soon after the castle was completed, it was attacked by Owain ap Cadwgan of Powys. Owain kidnapped Nest and that is when Gerald is said to have fled through the latrine. Nest remained with Owain for some time and bore him children before returning to her husband, who by that time was rebuilding Cilgerran into a sturdy castle of stone.

When Rhys ap Tewdwr died in 1093, Normans flooded into the south-west and Deheubarth lost both land and authority. Matters changed in 1155 when Rhys ap Gruffudd, the Lord Rhys, came to power. He struck back, regaining land and seizing a number of Norman castles, including Cilgerran. Rhys extended and strengthened the castle and it withstood several ferocious Norman attacks.

Deheubarth's revival during Lord Rhys's life turned to chaos after his death in 1197, as his sons wrangled over the succession. In 1204 William Marshal, Earl of Pembroke, took Cilgerran Castle but when, a little later, Llywelyn the Great had partly unified Deheubarth, it was recovered. Then in 1223 it was taken by William Marshal's son, another William. He rebuilt the castle yet again, incorporating features introduced by his father at Pembroke Castle. By 1245 he and his four brothers, none of whom had a male heir, were dead and Cilgerran went to Eve, widow of William de Braose of Abergavenny. It then passed through her daughter to the family of the Barons of Hastings and eventually to the crown.

Because of continuing dissension among the Welsh families of the area, Cilgerran was probably not seriously challenged during Edward I's war against Llywelyn ap Gruffudd. Owain Glyndŵr is believed to have taken the castle at the beginning of the fifteenth century, as it had to be repaired a little later. Although there was fierce fighting around Cardigan and Newcastle Emlyn during the Civil War, there is no evidence that Cilgerran played a significant part in it.

Little attention was paid to Cilgerran Castle after the end of the seventeenth century. It declined over the years, leaving the stage of history in a rather more dignified manner, perhaps, than that demonstrated by its founder several centuries earlier.

9. Castell Coch *Castle*

Castell Coch

Maint y llun wedi ei wnïo ar ddefnydd 14 edau i'r fodfedd, gan gynnwys y border:

5.5" x 5.5" neu 14cm. x 14cm.

Nifer y pwythau: 77 x 77

I wnïo'r llun ar Aida 14 edau i'r fodfedd neu ar ddefnydd gwead gwastad 28 edau i'r fodfedd, bydd angen darn o ddefnydd yn mesur:

12" x 12" neu 30.5cm. x 30.5cm.

Arweiniad i'r gwnïo

Defnyddiwch 2 edefyn i wnïo pob croesbwyth.

Gwnïwch glymau Ffrengig ar y ceiliogod gwynt, gan ddefnyddio edau *ecru*.

Castell Coch

Size of the picture sewn on 14 count fabric and including the border:

5.5" x 5.5" or 14cm. x 14cm.

Stitch count: 77 x 77

To sew the picture on 14 count Aida or 28 count evenweave, you will need a piece of fabric measuring:

12" x 12" or 30.5cm. x 30.5cm.

Sewing guide

Use 2 strands of thread to sew each cross stitch.

Sew French knots on the weather vanes, using ecru thread.

Castell Coch

Bu'r castell 'tylwyth teg' sy'n ymddangos drwy'r coed uwchben y ffordd fawr o Gaerdydd i Bontypridd, ger Tongwynlais, yn achos syndod i lawer. Dyry'r argraff y dylai fod ar lethr mewn dyffryn Rwritanaidd yn hytrach nag wrth geg hafn yr afon Taf. Mewn gwirionedd, ffrwyth dychymyg dau freuddwydiwr yw Castell Coch, sef trydydd Ardalydd Bute a'r pensaer William Burges, dau fyddai hwyrach wedi mwynhau byw yn Rwritania.

Er mai ffug-gastell o ddiwedd y bedwaredd ganrif ar bymtheg sydd yma heddiw, daw Castell Coch yn ddiau o dras dda. Fe'i codwyd ar sylfeini castell cerrig oedd yma yn y drydedd a'r bedwaredd ganrif ar ddeg, a safai hwnnw, yn ôl tystiolaeth archeolegol, ar safle un cynharach o bridd a choed. Prin yw'r dystiolaeth ysgrifenedig am Gastell Coch, a chan y chwalwyd llawer o'r dystiolaeth archeolegol wrth adeiladu'r castell presennol, rhaid dyfalu cryn dipyn am ei hanes. Ond gallwn ddyfalu'n gall.

Tua diwedd yr unfed ganrif ar ddeg syrthiodd Morgannwg yn gyflym i'r Normaniaid, a arferai godi cestyll o bridd a choed er mwyn eu sefydlu eu hunain ar frys mewn ardal. Teg tybio, felly, gan iddynt godi caerau tebyg mewn mannau cyfagos, iddynt osod un yma hefyd ar safle mor allweddol wrth geg yr hafn. Awgrymwyd mai Ifor ap Meurig, sef Ifor Bach, a gododd y castell cerrig dilynol. Bu Ifor yn rheoli'r ardal yn y ddeuddegfed ganrif, ond o ystyried mor agos yw'r safle at gastell Normanaidd Caerdydd, mae'n anodd credu i Ifor gael llonydd i'w adeiladu.

Daeth Gilbert de Clare i arglwyddiaeth Morgannwg ym 1263, mewn cyfnod o dyndra rhwng y Normaniaid a'r Cymry. Dysgodd yn gynnar werth cestyll cadarn ac ym 1268 dechreuodd adeiladu Castell Caerffili. Yn ddiamau, byddai Gilbert de Clare wedi gweld gwerth castell o gerrig yma hefyd i reoli symudiadau rhwng yr ucheldir a Chaerdydd. Mae lle i gredu, felly, mai yn ei gyfnod o, yn chwarter olaf y drydedd ganrif ar ddeg, y codwyd castell cerrig ar seiliau'r hen gastell. Ym 1316 arweiniodd Llywelyn Bren, gorwyr Ifor Bach, wrthryfel Cymreig, a chredir iddo ymosod ar Gastell Coch, gan achosi cryn ddifrod. Mae'n ymddangos na fu atgyweirio arno ac mai dirywio fu ei hanes wedyn.

Archwiliwyd yr adfeilion ym 1850 gan G. T. Clarke, awdurdod ar hen gestyll, ond ychydig o sylw a gafodd ei adroddiad nes i'r eiddo ddod i feddiant trydydd Ardalydd Bute, a ymddiddorai mewn hanes a hen adeiladau, a chanddo agwedd ramantaidd tuag atynt yn aml. Roedd eisoes yn cydweithio â'r pensaer William Burges ar adfer Castell Caerdydd, a gofynnodd i Burges am gynllun ar gyfer adfer Castell Coch hefyd. Ym 1872 derbyniodd ei awgrym y dylid ei ailadeiladu'n gartref moethus ar ffurf castell Gothig canoloesol.

Dechreuwyd ar y gwaith ym 1875, ac er i Burges farw ym 1881, parhawyd gyda'i waith a chwblhawyd y castell ym 1891. Yn anffodus ni chafodd yr Ardalydd lawer o amser i fwynhau'r castell gan iddo yntau farw ym 1900.

Castell Coch (The Red Castle)

Many have been surprised at the sight of the 'fairy castle' appearing through the trees above the Cardiff to Pontypridd road, near Tongwynlais. It seems to belong to the slopes of a Ruritanian valley rather than the mouth of the Taff gorge. In fact, Castell Coch is the creation of two visionaries: the third Marquess of Bute and the architect William Burges, both of whom might indeed have enjoyed living in Ruritania.

Although what we see today is a late nineteenth century folly, undoubtedly Castell Coch comes from good stock. It stands on the site of a stone castle that was here in the thirteenth and fourteenth centuries and which in turn, according to archaeological evidence, stood on the site of an earlier earth and timber castle. There is little written evidence about Castell Coch, and since much of the archaeological evidence was lost when the present castle was built, we must speculate about its history.

In the late eleventh century, Glamorgan fell rapidly to the Normans, who raised earth and timber castles in order to establish themselves quickly in an area. It is fair to assume therefore that as they built such castles on nearby sites, they also raised one on this strategic site at the mouth of the gorge. It has been suggested that it was Ifor ap Meurig, Ifor Bach, who built the succeeding stone castle. Ifor did rule the area in the twelfth century but, considering how close the site is to the Norman castle in Cardiff, it is difficult to believe that he was allowed to build it undisturbed.

The lordship of Glamorgan fell to Gilbert de Clare in 1263, at a tense time between the Normans and the Welsh. He quickly saw the value of stout castles and began to build Caerphilly Castle in 1268. Gilbert de Clare would certainly have appreciated the value of a stone castle here as well, to regulate movement between the uplands and Cardiff. It is reasonable therefore to believe that it was during his time, in the last quarter of the thirteenth century, that a stone castle replaced the old one. Llywelyn Bren, Ifor Bach's great-grandson, led a Welsh revolt in 1316 and it is thought that he attacked Castell Coch, causing great damage. It appears that it was not repaired but allowed to fall into ruin from then on.

The ruins were examined in 1850 by G.T. Clarke, an authority on old castles, but his report received little attention until the property came into the possession of the third Marquess of Bute, who was interested in history and old buildings, often viewing them rather romantically. He was already working with the architect William Burges on the restoration of Cardiff Castle and so asked Burges for a plan to restore Castell Coch as well. In 1872 he accepted his suggestion that it ought to be rebuilt as a luxurious home in the style of a medieval Gothic castle.

Work began in 1875 and although Burges died in 1881, continued to completion in 1891. Unfortunately the Marquess was not able to enjoy his castle for long as he died in 1900.

10. Castell Conwy *Castle*

Castell Conwy

Maint y llun wedi ei wnïo ar ddefnydd 14 edau i'r fodfedd, gan gynnwys y border:

7.8" x 6.1" neu 19.8cm. x 15.4cm.

Nifer y pwythau: 109 x 85

I wnïo'r llun ar Aida 14 edau i'r fodfedd neu ar ddefnydd gwead gwastad 28 edau i'r fodfedd, bydd angen darn o ddefnydd yn mesur:

14" x 12" neu 35.5cm. x 30.5cm.

Arweiniad i'r gwnïo

Defnyddiwch 2 edefyn i wnïo pob croesbwyth, ac eithrio wrth wnïo'r awyr.

Defnyddiwch 1 edefyn lliw 3325 i wnïo'r awyr.

Defnyddiwch hirbwythau i wnïo'r mastiau.

Conwy Castle

Size of the picture sewn on 14 count fabric and including the border:

7.8" x 6.1" or 19.8cm. x 15.4cm.

Stitch count: 109 x 85

To sew the picture on 14 count Aida or 28 count evenweave, you will need a piece of fabric measuring:

14" x 12" or 35.5cm. x 30.5cm.

Sewing guide

Use 2 strands of thread to sew each cross stitch, except when sewing the sky.

To sew the sky use 1 strand of the colour 3325.

To sew the masts use long stitches.

Castell Conwy

Dyma un o gestyll mwyaf ysblennydd, ac eto mwyaf trist Cymru. Saif yn urddasol ddigon ar graig isel ger aber afon Conwy, gan syllu allan tua'r môr, ond gellir ei ddychmygu'n gostwng ychydig ar ei aeliau mewn euogrwydd yn awr ac yn y man. Dyma un arall o'r cestyll a gododd Edward I i gadw trefn ar bobl Gogledd Cymru, wrth gwrs, ac mae'n glasur o bensaernïaeth filwrol ganoloesol.

Mae'n debyg fod Edward wedi penderfynu yng Nghonwy ar ddechrau 1283 y dylai geisio rhoi diwedd ar ei anawsterau â Chymru ag un ergyd. Wedi treulio amser a gwario adnoddau ar ddau ymgyrch yn y wlad, gwelodd gyfle i roi pen ar y mater. Roedd Llywelyn ap Gruffudd wedi marw yn Rhagfyr 1282. Mis yn ddiweddarach cipiodd Edward Gastell Dolwyddelan, lle ganwyd symbol arall o annibyniaeth Cymru, sef Llywelyn Fawr, ac ym mis Mawrth roedd y brenin yma yng Nghonwy lle claddwyd Llywelyn Fawr bron i ddeugain mlynedd ynghynt a lle roedd ei feddrod yn abaty Aberconwy eisoes yn denu pererinion ac yn datblygu'n gyrchfan Gymreig.

Bwriad gwreiddiol Edward, mae'n debyg, oedd codi castell yng nghyffiniau aber yr afon, er mwyn rheoli dyffryn Conwy a'r ffordd i ganol Gwynedd, ond yna penderfynodd ladd dwy frân â'r un garreg, drwy ddifrodi bedd Llywelyn Fawr, dymchwel yr abaty ac adeiladu ei gastell newydd ar y safle. I leddfu ychydig ar ei gydwybod, efallai, talodd am ailadeiladu'r abaty ym Maenan, wyth milltir i fyny'r afon. Y Meistr James o St George a oruchwyliodd y gwaith ar y castell hwn a ddechreuodd ym mis Mawrth 1283. Erbyn hydref 1287 roedd y castell a muriau'r dref yn agos at gael eu cwblhau.

Ychydig o waith sylweddol fu'n rhaid ei wneud yma dros y blynyddoedd, ac yn allanol o leiaf ymddengys heddiw fwy neu lai yn union yr un fath ag yr oedd yr adeg honno.

Safodd Conwy yn nannedd gwrthryfel Madog ap Llywelyn ym 1294 ond fe'i cipiwyd a'i ddal am gyfnod gan ddilynwyr Owain Glyndŵr ym 1401. Yn y Rhyfel Cartref garsiynwyd y castell ar ran y goron gan John Williams, Archesgob Caerefrog, a aned yng Nghonwy. Trodd ei gôt, fodd bynnag, ac ildiwyd Castell Conwy i luoedd y Senedd ym 1646. Gorchmynnwyd dymchwel y castell ond prin fu'r ymateb, ac wedi'r Adferiad fe'i dychwelwyd i deulu Arglwydd Conwy, oedd wedi ei brynu gan Siarl I, a dirywio fu ei hanes wedyn.

Agorwyd pont grog Thomas Telford ger y castell ym 1826 ac fe'i dilynwyd gan bont reilffordd, a chafodd y castell fwy o sylw wedi hynny. Bellach, wrth gwrs, mae trydedd bont yn croesi'r afon ger y castell.

Conwy Castle

This is one of Wales's finest and yet saddest castles. It stands, dignified enough, on a low rock close to the mouth of the river Conwy, gazing out towards the sea, but one can imagine the castle lowering its brows a little in guilt now and then. Another of Edward I's castles designed to control the people of North Wales of course, this is a classic of medieval military architecture.

In Conwy early in 1283, it seems that Edward decided that if he could, he should end his difficulties with Wales at one blow. Having spent time and resources on two Welsh campaigns he saw an opportunity to resolve the matter. Llywelyn ap Gruffudd had been killed in December 1282. Dolwyddelan Castle, birthplace of Llywelyn the Great, another symbol of Welsh independence, fell to Edward a month later. In March, the king was here in Conwy where Llywelyn the Great had been buried almost forty years earlier and where his tomb in Aberconwy abbey was already attracting pilgrims and becoming a Welsh rallying point.

It is very likely that Edward initially intended to establish a castle near the mouth of the river in order to control the Conwy valley and the gateway to the heartland of Gwynedd. He subsequently tried to kill two birds with one stone by obliterating the tomb of Llywelyn the Great, demolishing the abbey and building his new castle on the site. To soothe his conscience a little, perhaps, he paid to have the abbey rebuilt at Maenan eight miles up the river. Once again Master James of St George supervised the work on this castle, which began in March 1283, and by the autumn of 1287 both the castle and the town walls were almost complete.

Little substantial work had to be done here over the years and outwardly at least the castle appears today much as it did then.

Conwy was not captured in the uprising led by Madog ap Llywelyn in 1294, but in 1401 it was captured and held for a time by the supporters of Owain Glyndŵr. During the Civil War the castle was held on behalf of the crown by John Williams, Archbishop of York, who had been born in Conwy. He changed sides, however, and Conwy Castle was surrendered to Parliamentary forces in 1646. An order was given to demolish the castle, but it met with little response and after the Restoration it was returned to the family of Lord Conwy who had bought it from Charles I. From then on its condition deteriorated.

Thomas Telford's suspension bridge close to the castle was opened in 1826, followed by a railway bridge, and the castle received more attention after that. Today of course, a third bridge spans the river near the castle.

11. Castell Cricieth *Castle*

Castell Cricieth

Maint y llun wedi ei wnïo ar ddefnydd 14 edau i'r fodfedd, gan gynnwys y border:

7" x 5" neu 17.8cm. x 12.7cm.

Nifer y pwythau: 98 x 70

I wnïo'r llun ar Aida 14 edau i'r fodfedd neu ar ddefnydd gwead gwastad 28 edau i'r fodfedd, bydd angen darn o ddefnydd yn mesur:

12" x 10" neu 30.5cm. x 25.5cm.

Arweiniad i'r gwnïo

Defnyddiwch 2 edefyn i wnïo pob croesbwyth, ac eithrio wrth wnïo'r awyr a'r môr.

Defnyddiwch 1 edefyn lliw 775 i wnïo'r awyr.

Defnyddiwch 1 edefyn yr un o liwiau 502, 928, 931 a 932 i wnïo'r môr.

Defnyddiwch 1 edefyn o edau gwyn (DMC blanc) a hirbwythau i wnïo'r polion fflag.

Cricieth Castle

Size of the picture sewn on 14 count fabric and including the border:

7" x 5" or 17.8cm. x 12.7cm.

Stitch count: 98 x 70

To sew the picture on 14 count Aida or 28 count evenweave, you will need a piece of fabric measuring:

12" x 10" or 30.5cm. x 25.5cm.

Sewing guide

Use 2 strands of thread to sew each cross stitch, except when sewing the sky and the sea.

To sew the sky use 1 strand of the colour 775.

To sew the sea use 1 strand of each of the colours 502, 928, 931 and 932.

To sew the flagpoles use 1 strand of white (DMC blanc) thread and long stitches.

Castell Cricieth

Nid y Normaniaid a'r Saeson yn unig a ddewisodd safleoedd delfrydol ar gyfer cestyll. Hwyrach nad oedd gan Gymry'r Oesoedd Canol yr adnoddau na'r rhwysg i godi cestyll anferth, ond gallent hwythau fanteisio ar y tirlun er mwyn codi amddiffynfeydd cadarn, fel y gwelwn yma yng Nghricieth. Castell Cymreig yw un Cricieth, castell a godwyd gan Gymro ac, yn eironig ddigon, a chwalwyd gan Gymro.

Yn ystod tridegau'r ddeuddegfed ganrif, symudodd Llywelyn Fawr faerdref cwmwd Eifionydd o Ddolbenmaen ar afon Dwyfor yma i Gricieth ar yr arfordir, gan godi castell ar y graig serth sy'n ymwthio allan i Fae Tremadog. Ceir y cyfeiriad cyntaf at y castell ym 1239, pan garcharodd Dafydd, mab cyfreithlon Llywelyn, ei hanner brawd Gruffudd yma. Hawliai Gruffudd ran o Wynedd pan fyddai Llywelyn farw. Ym 1241, flwyddyn wedi marwolaeth Llywelyn, mynnodd Harri III i Dafydd ei roi yn ei ofal ef a charcharwyd Gruffudd wedyn yn Nhŵr Llundain, lle bu farw ar Ddydd Gŵyl Dewi 1244, wrth geisio dianc. Mab Gruffudd, wrth gwrs, oedd Llywelyn ap Gruffudd.

Bu farw Dafydd ym 1246 ac fe'i olynwyd gan Llywelyn ap Gruffudd, wedi cryn anghydfod rhyngddo a'i frodyr, a chynhaliai ei lys yma yng Nghricieth o bryd i'w gilydd. Roedd yma yn Chwefror 1274, er enghraifft, pan anfonodd lythyr at Edward I, llythyr sydd yn dal mewn bodolaeth. Ym 1259 carcharodd Llywelyn ap Gruffudd ŵyr yr Arglwydd Rhys, Maredudd ap Rhys Gryg, yma am saith mis am droi ei gôt a chefnogi'r Saeson.

Syrthiodd Cricieth i afael Edward I ym mis Mawrth 1283, yn ail gyfnod y rhyfel. Wedi cipio Castell Dolwyddelan ym mis Ionawr, daeth ei luoedd i lawr i'r arfordir, ac erbyn 14 Mawrth roedd Cricieth yn ei ddwylo ac un Harri o Greenford wedi ei ddewis yn gwnstabl cyntaf y castell. Mae'n amlwg i'r castell gael ei ddifrodi'n ddrwg cyn iddo ildio, gan i Edward ailadeiladu rhannau ohono dros y blynyddoedd canlynol, ac ym 1284, yn ôl ei arfer, sefydlodd fwrdeistref Seisnig yng nghysgod y castell. Methiant fu ymdrech Madog ap Llywelyn i oresgyn Cricieth yng ngwrthryfel 1294, gan y gellid cyflenwi'r castell eto o'r môr.

Atgyfnerthwyd y castell yng nghyfnod Edward II, ac eto pan ddaeth i feddiant Edward, y Tywysog Du, ym 1343. Ym 1359 dewisodd y Tywysog Du Syr Hywel ap Gruffudd, sef Syr Hywel y Fwyall o Fron y Foel, a fu'n aelod o'i fyddin ym mrwydrau Crécy a Poitiers, yn gwnstabl y castell, a bu Syr Hywel yma hyd ei farwolaeth tua 1381.

Ar ddechrau'r bymthegfed ganrif daeth Owain Glyndŵr yma, ac yng ngwanwyn 1404 cipiodd Gastell Cricieth gyda chymorth llynges o Ffrainc a rwystrodd y Saeson rhag cyflenwi'r castell o'r môr. Chwalodd a llosgodd Owain y castell i'r fath raddau fel na bu ailadeiladu arno, ac ymddengys heddiw fwy neu lai fel y'i gadawyd gan Owain.

Cricieth Castle

The Normans and the English were not the only people to select ideal castle sites. Perhaps the Welsh of the Middle Ages lacked the resources and indeed the ostentation to build enormous castles, but they too were able to take advantage of the landscape when building formidable strongholds, as we see here in Cricieth. Cricieth is a Welsh castle, built by a Welshman and, ironically, demolished by a Welshman.

During the thirties of the twelfth century, Llywelyn the Great moved the administrative centre of the commote of Eifionydd from Dolbenmaen on the river Dwyfor here to Cricieth on the coast, and built a castle on the steep rock extending out into Tremadog Bay. The first reference to it is from 1239 when Dafydd, Llywelyn's legitimate son, imprisoned his half brother Gruffudd here. Gruffudd claimed part of Gwynedd when Llywelyn should die and in 1241, a year after Llywelyn's death, Henry III insisted that Dafydd should hand him over to his keeping. Gruffudd was imprisoned in the tower of London, where he died on St David's Day, 1244 while trying to escape. Llywelyn ap Gruffudd, of course, was Gruffudd's son and successor.

Llywelyn held his court in Cricieth from time to time. He was here in February 1274, for example, when he sent a letter, which still exists, to Edward I. In 1259 he held Maredudd ap Rhys Gryg, the Lord Rhys's grandson, prisoner here for defecting to the English.

Cricieth fell to Edward I in March 1283, in the second phase of the war. Having taken Dolwyddelan Castle in January, his forces came down to the coast and by March 14th, Cricieth was in his hands and a Henry of Greenford had been appointed the castle's first constable. Clearly the castle was badly damaged before it fell, as Edward rebuilt parts of it over the next few years. As he did elsewhere, he also established an English borough next to the castle in 1284. Madog ap Llywelyn's attempt to take Cricieth during the 1294 uprising failed, again because the castle could be supplied from the sea.

The castle was reinforced by Edward II and again when it went to Edward, the Black Prince in 1343. In 1359 the Black Prince appointed as constable Sir Hywel ap Gruffudd, Sir Hywel of the Axe, of Bron y Foel, who fought beside him at the battles of Crécy and Poitiers. Sir Hywel remained here until his death in about 1381.

Early in the fifteenth century, Owain Glyndŵr came here and in the spring of 1404 he took Cricieth Castle with the aid of a French fleet that prevented the English from sustaining the castle from the sea. Owain demolished and burnt the castle to such an extent that it was not rebuilt and today appears much as it did when Owain left.

12. Castell Cydweli *Kidwelly Castle*

Castell Cydweli

Maint y llun wedi ei wnïo ar ddefnydd 14 edau i'r fodfedd, gan gynnwys y border:

7.9" x 5.9" neu 20cm. x 14.9cm.

Nifer y pwythau: 110 x 82

I wnïo'r llun ar Aida 14 edau i'r fodfedd neu ar ddefnydd gwead gwastad 28 edau i'r fodfedd, bydd angen darn o ddefnydd yn mesur:

14" x 10" neu 35.5cm. x 25.5cm.

Arweiniad i'r gwnïo

Defnyddiwch 2 edefyn i wnïo pob croesbwyth, ac eithrio wrth wnïo'r awyr.

Defnyddiwch 1 edefyn lliw 3325 i wnïo'r awyr.

Kidwelly Castle

Size of the picture sewn on 14 count fabric and including the border:

7.9" x 5.9" or 20cm. x 14.9cm.

Stitch count: 110 x 82

To sew the picture on 14 count Aida or 28 count evenweave, you will need a piece of fabric measuring:

14" x 10" or 35.5cm. x 25.5cm.

Sewing guide

Use 2 strands of thread to sew each cross stitch, except when sewing the sky.

To sew the sky use 1 strand of the colour 3325.

Castell Cydweli

O flaen porth mawr y castell hwn mae cofeb syml i Gwenllïan, merch sydd â chysylltiad annatod â Chydweli. Bu farw ym 1136 pan oedd yn ceisio cipio'r castell oddi ar y Norman Maurice de Londres – ond nid y castell presennol oedd hwnnw. Codwyd y castell a welwn yn y llun yn hwyr yn y drydedd ganrif ar ddeg i gymryd lle un fu yma ers dros ganrif a hanner ac a gipiwyd a chwalwyd sawl gwaith. Sefydlwyd hwnnw yma ar grib uwch glan orllewinol y Wendraeth Fach yn gynnar yn y ddeuddegfed ganrif gan Roger, Esgob Salisbury. Castell o bridd a phren, mwnt-a-beili oedd hwnnw, ac yn ôl siarter sefydlu priordy Cydweli, roedd yma ym 1114.

Merch Gruffudd ap Cynan o Wynedd oedd Gwenllïan. Priododd â Gruffudd ap Rhys ap Tewdwr o Ddeheubarth tua 1116, ac ym 1136 arweiniodd y cyrch ar y castell ond fe'i lladdwyd mewn man a elwir hyd heddiw yn Faes Gwenllïan. Mab iddi oedd Rhys ap Gruffudd, yr enwog Arglwydd Rhys, ac ym 1159 llwyddodd ef lle methodd ei fam, gan gipio Cydweli, ynghyd â nifer o gestyll eraill yn y de-orllewin. Bu Rhys farw ym 1197, ac erbyn 1201 roedd y castell yn ôl yn nwylo'r teulu de Londres.

Ym 1215 cipiodd Rhys Gryg, mab yr Arglwydd Rhys, y castell ar ran Llywelyn Fawr, ond erbyn 1220 roedd Llywelyn wedi cymodi â brenin newydd Lloegr, Harri III, a bu'n rhaid i Rhys ei roi yn ôl i'r teulu de Braose a oedd erbyn hynny wedi ei ennill trwy briodas. Daeth tro arall ar fyd a chipiodd Llywelyn ei hun Gydweli ym 1231, ond unwaith eto dychwelodd i'r teulu oedd yn ei hawlio ar y pryd, sef y teulu de Chaworth.

Bu gan Pain de Chaworth ran flaenllaw yn ymgyrch Edward I ym 1277 ac, fel Edward, dysgodd werth cestyll cadarn yn Ewrop a Phalesteina. Ailgododd Pain Gastell Cydweli o gerrig yn saithdegau'r drydedd ganrif ar ddeg, ac ef felly oedd yn gyfrifol am y castell a welwn heddiw. Bu farw ym 1279 a chwblhawyd y gwaith gan ei frawd. Aeth Cydweli wedyn trwy briodas i feddiant John o Gaunt, Dug Lancaster. Ym 1399 daeth ei fab, Harri Bolingbroke, yn Frenin Harri IV, wedi iddo gymryd Rhisiart II yn garcharor yng Nghastell y Fflint a threfnu ei ladd yn fuan wedyn. Felly aeth Cydweli i feddiant y goron.

Ymosododd Harri Dwnn ar Gydweli ar ran Owain Glyndŵr ym 1403. Bu'r castell dan warchae am dair wythnos a gwnaed cryn ddifrod iddo ac i'r dref. Wedi ei fuddugoliaeth ar faes Bosworth ym 1485, rhoddodd Harri VII Gydweli i Rhys ap Thomas o Ddinefwr am ei gymorth yn y frwydr. Collodd y teulu'r castell ym 1531, fodd bynnag, pan ddienyddiwyd ŵyr Rhys ap Thomas am deyrnfradwriaeth.

Erbyn yr ail ganrif ar bymtheg roedd Cydweli wedi dirywio'n arw, ac ym 1630 aeth i feddiant Fychaniaid y Gelli Aur ac yna i deulu Ieirll Cawdor. Ni chymerodd fawr o ran yn y Rhyfel Cartref a dirywio ymhellach fu ei hanes wedyn.

Kidwelly Castle

*B*efore this castle's great gateway stands a simple memorial to Gwenllïan, a woman inextricably linked with Kidwelly. She died in 1136, trying to take the castle which previously stood on this site from the Norman Maurice de Londres. The present castle, which we see in the picture, was built late in the thirteenth century, replacing one that had been here for over a century and a half and which had been captured and razed several times. That was established on this ridge above the west bank of the Gwendraeth Fach river early in the twelfth century by Roger, Bishop of Salisbury. It was a motte and bailey construction of earth and timber and, according to Kidwelly priory's founding charter, it was here in 1114.

Gwenllïan was the daughter of Gruffudd ap Cynan of Gwynedd. She married Gruffudd ap Rhys ap Tewdwr of Deheubarth about 1116, and in 1136 she led the attack on the castle but was killed at a place that is still called Maes Gwenllïan (Gwenllïan's Field). Rhys ap Gruffudd, the famous Lord Rhys, was her son and in 1159 he succeeded where his mother had failed, by capturing Kidwelly, along with several other castles in the south-west. Rhys died in 1197 and by 1201 the castle was back in the hands of the de Londres family.

In 1215 Rhys Gryg, Lord Rhys's son, took the castle on behalf of Llywelyn the Great, but by 1220 Llywelyn was reconciled with the new English king, Henry III, and Rhys had to return it to the de Braose family who had gained it by marriage. Times changed and Llywelyn himself captured Kidwelly in 1231 but again it reverted to the family then claiming it, the de Chaworths.

Pain de Chaworth played a prominent part in Edward I's campaign in 1277. Like Edward, he learned the value of strong castles in Europe and Palestine. Pain rebuilt Kidwelly Castle of stone during the seventies of the thirteenth century and he therefore was responsible for the castle we see today. He died in 1279 and the work was completed by his brother. Kidwelly then passed by marriage to John of Gaunt, Duke of Lancaster. In 1399 his son, Henry Bolingbroke, became King Henry IV, having taken Richard II prisoner at Flint Castle and arranged to have him killed soon afterwards. Kidwelly therefore became a royal castle.

Harri Dwnn attacked Kidwelly on behalf of Owain Glyndŵr in 1403. The castle was under siege for three weeks and considerable damage was done to it and to the town. Following his victory at Bosworth in 1485, Henry VII gave Kidwelly to Rhys ap Thomas of Dinefwr for his help in the battle. The family lost the castle in 1531, however, when Rhys's grandson was executed for high treason.

By the seventeenth century Kidwelly was in poor condition and in 1630 it passed to the Vaughans of Golden Grove and later to the family of the Earls of Cawdor. It played little part in the Civil War and the years took their toll from then on.

13. Castell Dinbych *Denbigh Castle*

Castell Dinbych

Maint y llun wedi ei wnïo ar ddefnydd 14 edau i'r fodfedd, gan gynnwys y border:

6" x 4" neu 15.2cm. x 10.2cm.

Nifer y pwythau: 84 x 56

I wnïo'r llun ar Aida 14 edau i'r fodfedd neu ar ddefnydd gwead gwastad 28 edau i'r fodfedd, bydd angen darn o ddefnydd yn mesur:

12" x 10" neu 30.5cm. x 25.5cm.

Arweiniad i'r gwnïo

Defnyddiwch 2 edefyn i wnïo pob croesbwyth, ac eithrio wrth wnïo'r awyr a'r mynyddoedd yn y cefndir.

Defnyddiwch 1 edefyn lliw 775 i wnïo'r awyr.

Defnyddiwch 1 edefyn yr un o liwiau 3042 a 3740 i wnïo'r mynyddoedd.

Denbigh Castle

Size of the picture sewn on 14 count fabric and including the border:

6" x 4" or 15.2cm. x 10.2cm.

Stitch count: 84 x 56

To sew the picture on 14 count Aida or 28 count evenweave, you will need a piece of fabric measuring:

12" x 10" or 30.5cm. x 25.5cm.

Sewing guide

Use 2 strands of thread to sew each cross stitch, except when sewing the sky and the mountains in the background.

To sew the sky use 1 strand of the colour 775.

To sew the mountains use 1 strand of each of the colours 3042 and 3740.

Castell Dinbych

Er mai Edward I a orchmynnodd godi Castell Dinbych, nid un o'i gestyll ef mohono ond castell un o'i farwniaid, Harri de Lacy, Iarll Lincoln. Saif ar graig serth yn Nyffryn Clwyd, yn y Berfeddwlad, sef yr ardal rhwng afonydd Conwy a Dyfrdwy y bu cymaint o ryfela drosti ymhell cyn bod sôn am Edward.

Daliwyd y safle gan Gymry a Saeson yn eu tro. Roedd gan Llywelyn Fawr lys yma tua 1230, a chan Harri III gastell o fath yma yn ddiweddarach. Bu gan Dafydd, brawd Llywelyn ap Gruffudd, gastell yma wedi 1277, gan i Edward, yng Nghytundeb Aberconwy, ganiatáu iddo gael Rhufoniog, y cantref lle safai Dinbych. Oddi yma yr ymosododd Dafydd ar Gastell Penarlâg ym 1282, gan ailgychwyn y rhyfel. Syrthiodd Dinbych yn yr hydref, fodd bynnag, ac fe'i rhoddwyd gan Edward i Harri de Lacy, ynghyd â'r gweddill o Rufoniog a thiroedd eraill cyfagos, gyda gorchymyn i godi castell. Daeth y Meistr James o St George yma i lunio cynllun, a thalodd y brenin am y gwaith paratoadol, gan adael i de Lacy godi'r castell.

Datblygodd y gwaith mor dda nes i de Lacy allu rhoi ei siarter cyntaf i'r fwrdeistref a dyfodd yn ymyl y castell, ym mis Hydref 1285. Serch hynny, doedd y castell ddim yn barod pan ymosodwyd arno yng ngwrthryfel 1294; syrthiodd i'r Cymry a methodd de Lacy ei ennill yn ôl nes bod y terfysg ar ben. Cryfhawyd muriau'r castell a'r dref, a phan fu farw de Lacy ym 1311 roedd y gwaith bron wedi ei gwblhau.

Dywedir i fab de Lacy syrthio i ffynnon y castell a boddi, ac felly aeth Dinbych i feddiant ei ferch Alice a'i gŵr, Iarll Lancaster. Dienyddiwyd yr iarll gan Edward II ym 1322, wedi ei gyhuddo o frad, a rhoddwyd Dinbych i Hugh Despenser. Wedi diorseddiad Edward ym 1327 aeth i feddiant Roger Mortimer, Iarll y Mers. Methodd Owain Glyndŵr gipio'r castell ym 1400 ond yn ystod Rhyfeloedd y Rhosynnau llwyddodd Siasbar Tudur a'r Lancastriaid i wneud hynny ym 1460 a bu yn eu dwylo hwy am gyfnod.

Daeth sir Ddinbych i fodolaeth ym 1536, ac o ganlyniad daeth y castell yn ganolfan weinyddol, yn llys ac yn garchar y sir. Er hynny, cynhaliwyd sawl arolwg o'i werth dan y Tuduriaid, a phob tro cafwyd ei fod yn dirywio'n arw. Rhoddodd Elizabeth I y castell i Robert Dudley, Iarll Caerlŷr, ym 1563, ac adferwyd rhannau ohono ganddo.

Fe'i garsiynwyd ar ran y brenin gan William Salusbury o Rug yn ystod y Rhyfel Cartref, a dywedir i Siarl I ddod yma am dridiau ar ôl brwydr Rowton Heath ym Medi 1645, ond bu'r castell dan warchae o Ebrill hyd Hydref 1646, pryd yr ildiodd i filwyr y Senedd. Wedi'r Adferiad ym 1660 gadawyd i'r castell a muriau'r dref adfeilio.

Denbigh Castle

Although Edward I ordered the building of Denbigh Castle, it is not one of his castles but that of one of his barons, Henry de Lacy, Earl of Lincoln. It stands on a steep hill in the Vale of Clwyd in the 'Middle country': that area between the rivers Conwy and Dee that was so often fought over long before Edward appeared.

The site was held by both the Welsh and the English in turn. Llywelyn the Great had a hall here about 1230 and Henry III later had some kind of castle here. Llywelyn ap Gruffudd's brother Dafydd had one here after 1277 when Edward I allowed him to hold Rhufoniog, the hundred in which Denbigh stood, under the Treaty of Aberconwy. It was from here that Dafydd attacked Hawarden Castle in 1282, thus reopening the war. Denbigh fell in the autumn, however, and was given by Edward to Henry de Lacy, along with the rest of Rhufoniog and other adjacent lands, with an order to build a castle. Master James of St George came here to draw up a plan, the king paid for the preparatory work and left de Lacy to build the castle.

The work progressed so well that de Lacy was able to grant the borough that grew beside the castle its first charter in October 1285. Even so, the castle was not ready when it was attacked during the 1294 revolt. It fell to the Welsh, and de Lacy was unable to regain it until the uprising was over. Both the castle and town walls were strengthened, and when de Lacy died in 1311 the work was close to completion.

De Lacy's son is said to have fallen into the castle well and drowned, so Denbigh went to his daughter Alice and her husband, the Earl of Lancaster. The Earl, however, was executed by Edward II in 1322, accused of treason, and the king gave Denbigh to Hugh Despenser. When Edward was dethroned in 1227 it went to Roger Mortimer, Earl of March. Owain Glyndŵr failed to capture the castle in 1400 but during the Wars of the Roses, Jasper Tudor and the Lancastrians took it in 1460 and held it briefly.

Denbighshire came into being in 1536 and the castle became its administrative centre, court and prison. However, the Tudors undertook several surveys to assess its value and each time it was found to be seriously dilapidated. Elizabeth I gave the castle to Robert Dudley, Earl of Leicester in 1563 and he restored parts of it.

William Salusbury of Rug garrisoned it on behalf of the king in the Civil War and it is said that Charles I was here for three days in September 1645 after the battle of Rowton Heath. The castle, however, was besieged from April to October 1646, when it surrendered to Parliamentary troops. Following the Restoration, the castle and town walls were allowed to fall into ruin.

14. Castell Dinefwr *Castle*

Castell Dinefwr

Maint y llun wedi ei wnïo ar ddefnydd 14 edau i'r fodfedd, gan gynnwys y border:

7.7" x 5.7" neu 19.6cm. x 14.5cm.

Nifer y pwythau: 108 x 80

I wnïo'r llun ar Aida 14 edau i'r fodfedd neu ar ddefnydd gwead gwastad 28 edau i'r fodfedd, bydd angen darn o ddefnydd yn mesur:

14" x 12" neu 35.5cm. x 30.5cm.

Arweiniad i'r gwnïo

Defnyddiwch 2 edefyn i wnïo pob croesbwyth, ac eithrio wrth wnïo'r awyr.

Defnyddiwch 1 edefyn yr un o liwiau 775 a 3325 i wnïo'r awyr.

Defnyddiwch 1 edefyn lliw 347 a phwythau rhedeg dwbl i wnïo'r border.

Dinefwr Castle

Size of the picture sewn on 14 count fabric and including the border:

7.7" x 5.7" or 19.6cm. x 14.5cm.

Stitch count: 108 x 80

To sew the picture on 14 count Aida or 28 count evenweave, you will need a piece of fabric measuring:

14" x 12" or 35.5cm. x 30.5cm.

Sewing guide

Use 2 strands of thread to sew each cross stitch, except when sewing the sky.

To sew the sky use 1 strand of each of the colours 775 and 3325.

To sew the border use 1 strand of the colour 347 and double running stitches.

Castell Dinefwr

Hwyrach mai arddull Normanaidd sydd i Gastell Dinefwr, ond Cymry a gododd y castell hwn uwchben afon Tywi, ychydig i'r gorllewin o Landeilo. Dywedir mai yma yn Ninefwr yr oedd hen ganolfan weinyddol brenhinoedd Deheubarth, ond does dim tystiolaeth fod y castell presennol ar safle'r ganolfan honno.

Wedi marwolaeth Rhys ap Tewdwr ym 1093, collodd Deheubarth lawer o'i grym a'i awdurdod wrth i'r Normaniaid lifo i'r de-orllewin, nes i ŵyr Rhys, yr Arglwydd Rhys, gymryd yr awenau ym 1155 a sicrhau sefydlogrwydd. Manteisiodd Rhys ar drafferthion Harri II, brenin Lloegr, gan ennill tir yn ôl, a dechreuodd godi Castell Dinefwr tua 1170 – o gerrig, yn yr arddull Normanaidd ddiweddaraf. Ond byr fu adfywiad Deheubarth. Bu farw'r Arglwydd Rhys ym 1197 a heriwyd Gruffudd, ei fab hynaf, am yr olyniaeth gan ei ddau frawd, Rhys Gryg a Maelgwn. Dechreuodd cyfnod o anhrefn a fyddai'n profi'n angheuol i Ddeheubarth.

Aeth Dinefwr o un i'r llall, a phan fu farw Gruffudd ym 1201 neidiodd ei ddau fab, Rhys Ieuanc ac Owain, i'r talwrn. Roedd bodolaeth Deheubarth mewn perygl ac ym 1216 galwodd Llywelyn Fawr y dadleuwyr i gyfarfod yn Aberdyfi gan fynnu eu bod yn derbyn ei ddyfarniad. Rhoddodd ran ddwyreiniol Deheubarth a Chastell Dinefwr i Rhys Gryg, aeth y rhan orllewinol a Chastell y Dryslwyn i Maelgwn, a chafodd Rhys Ieuanc ac Owain Geredigion. O ganlyniad, collwyd undod Deheubarth am byth.

Bu Rhys Gryg yn Ninefwr hyd ddiwedd ei oes ym 1233 ac ehangodd a chryfhaodd y castell. Mynnodd Llywelyn Fawr fod Rhys, fel yntau, yn talu gwrogaeth i Harri III, ond gwrthododd Rhys a daeth Llywelyn i'r de i'w orfodi. Fe'i gorfododd hefyd i ddymchwel rhannau o'r castell, ond ail- gododd Rhys y rhannau hynny'n ddiweddarach.

Parhaodd y cecru dros yr hanner canrif nesaf, ond daliodd disgynyddion Rhys Gryg eu gafael ar y castell. Daeth tro Llywelyn ap Gruffudd i geisio arbed Deheubarth rhag chwalu'n gyfan gwbl a syrthio i ddwylo estron, ond ofer fu ei ymdrechion, ac ym 1277 cymerodd Edward I Ddinefwr oddi ar Rhys Wyndod, gorwyr Rhys Gryg, i fod yn un o gestyll y goron. Sefydlodd fwrdeistref yma hefyd, ond mae'n debyg iddi beidio â bod erbyn canol y bymthegfed ganrif.

Esgeuluswyd y castell yn ystod ail hanner y bedwaredd ganrif ar ddeg wrth i Aberteifi a Chaerfyrddin weinyddu siroedd newydd y rhanbarth, ond gwrthsafodd ymosodiad Owain Glyndŵr ym 1403, er iddo achosi cryn ddifrod yma. Ym 1425 aeth Dinefwr i feddiant Gruffudd ap Nicolas, gŵr blaenllaw yn yr ardal, ac adeiladodd Gruffudd dŷ ar wahân i'r castell, sef Tŷ Newton. Credir mai wrth godi hwn y chwalwyd gweddillion yr hen dref. Ymhen amser aeth Dinefwr i ŵyr Gruffudd ap Nicolas, sef Syr Rhys ap Thomas, a defnyddiodd yntau Dŷ Newton pan oedd yn yr ardal. Roedd dyddiau Castell Dinefwr yn amlwg wedi dod i ben.

Dinefwr Castle

Its style may be Norman, but Dinefwr Castle, standing above the river Tywi a little to the west of Llandeilo, was built by Welsh people. According to tradition, the old administrative centre of the kings of Deheubarth was at Dinefwr, but there is no evidence that the present castle is on the same site.

Following the death of Rhys ap Tewdwr in 1093, Deheubarth lost much of its power and authority as Normans flooded into the south-west, until Rhys's grandson, the Lord Rhys, succeeded in 1155 and stability returned to Deheubarth. Rhys took advantage of the difficulties of the English king, Henry II. He regained land and in about 1170 he began to build Dinefwr Castle: of stone, in the latest Norman fashion. But Deheubarth's revival was short-lived. Rhys died in 1197 and Gruffudd, his eldest son, was challenged for the succession by his two brothers, Rhys Gryg and Maelgwn, and a period of chaos began which was to prove fatal for Deheubarth.

Dinefwr went from one to another and when Gruffudd died in 1201 his two sons, Rhys Ieuanc and Owain, joined the fray. The very existence of Deheubarth was in jeopardy and in 1216 Llywelyn the Great called the disputants to a meeting in Aberdyfi, insisting that they accepted his decision in the matter. He gave eastern Deheubarth and Dinefwr Castle to Rhys Gryg, the western part and Dryslwyn Castle to Maelgwn, and Ceredigion to Rhys Ieuanc and Owain. As a result, the unity of Deheubarth was lost forever.

Rhys Gryg, who held Dinefwr until his death in 1233, extended and strengthened the castle. Llywelyn the Great expected Rhys to join him in paying homage to Henry III, but he refused and Llywelyn came south to compel him. He also forced him to demolish parts of the castle, but Rhys later rebuilt them.

The feuding continued over the next fifty years, but Rhys Gryg's family retained its hold on the castle. It became Llywelyn ap Gruffudd's turn to try to prevent Deheubarth from crumbling completely and falling into foreign hands, but his efforts were in vain. In 1277 Edward I took Dinefwr from Rhys Gryg's great-grandson, Rhys Wyndod, and it became a royal castle. He also established a borough here, but that had probably ceased to function by the middle of the fifteenth century.

The castle was neglected during the second half of the fourteenth century as Cardigan and Carmarthen came to administer the area's new counties, but it withstood an attack by Owain Glyndŵr in 1403, which caused considerable damage. Then in 1425 Dinefwr passed to Gruffudd ap Nicolas, a prominent local dignitary. He built a house a little apart from the castle: Newton House, and it was probably then that the remains of the old borough were finally destroyed. In time Dinefwr went to Gruffudd's grandson, Sir Rhys ap Thomas, who also used Newton House when he was in the area. The days of Dinefwr Castle were evidently over.

15. Castell Dolbadarn *Castle*

Castell Dolbadarn

Maint y llun wedi ei wnïo ar ddefnydd 14 edau i'r fodfedd, gan gynnwys y border:

6" x 6" neu 15.2cm. x 15.2cm.

Nifer y pwythau: 84 x 84

I wnïo'r llun ar Aida 14 edau i'r fodfedd neu ar ddefnydd gwead gwastad 28 edau i'r fodfedd, bydd angen darn o ddefnydd yn mesur:

12" x 12" neu 30.5cm. x 30.5cm.

Arweiniad i'r gwnïo

Defnyddiwch 2 edefyn i wnïo pob croesbwyth, ac eithrio wrth wnïo'r awyr.

Defnyddiwch 1 edefyn lliw 775 i wnïo'r awyr.

Dolbadarn Castle

Size of the picture sewn on 14 count fabric and including the border:

6" x 6" or 15.2cm. x 15.2cm.

Stitch count: 84 x 84

To sew the picture on 14 count Aida or 28 count evenweave, you will need a piece of fabric measuring:

12" x 12" or 30.5cm. x 30.5cm.

Sewing guide

Use 2 strands of thread to sew each cross stitch, except when sewing the sky.

To sew the sky use 1 strand of the colour 775.

Castell Dolbadarn

Cyn dyfodiad y Normaniaid nid oedd traddodiad o adeiladu cestyll cadarn ymysg y Cymry. Codent gadarnle i ateb angen ac i bwrpas arbennig: i ddynodi arglwyddiaeth, hwyrach, neu i gadw golwg ar fannau croesi afonydd neu fylchau yn y mynyddoedd. Dyna hanes Dolbadarn. Bu cadarnle ar y graig uchel yma uwchben Llyn Padarn wrth droed bwlch Llanberis am ganrifoedd cyn codi'r castell presennol, yn gwylio'r llwybr o Arfon i ran uchaf Dyffryn Conwy.

Daeth yn safle pwysig i dywysogion Gwynedd; mae yng nghanol Eryri, wedi'r cwbl, a thebyg yw i Gruffudd ap Cynan sefydlu castell o fath yma tua 1098, wedi iddo ddianc o garchar Hugh d'Avranches, Iarll Caer. Ond Llywelyn Fawr oedd yn gyfrifol am godi Castell Dolbadarn a'r tŵr crwn a welwn yn y llun, ac ystyrir mai'r tŵr hwn yw'r esiampl orau o dŵr crwn Cymreig sydd wedi goroesi.

Cododd Llywelyn y castell rhwng tua 1220 a 1230, pan oedd yn ystyried symud canolfan weinyddol cwmwd Is Gwyrfai o Lanbeblig i Ddolbadarn. Adnabu nifer o arglwyddi Normanaidd ac roedd rhai o'i blant wedi priodi eu plant hwy. Roedd wedi gweld eu cestyll hefyd, a theimlai, mae'n siŵr, fod tywysog Cymreig yn haeddu cestyll o safon cystal â hwy. Yr adeg honno hefyd roedd cestyll yn dod yn arwydd o statws ymysg pendefigion, ac ni fyddai arglwydd heb gastell yn ennyn parch ei gymheiriaid. Mae'n amlwg fod Llywelyn Fawr, fel rhai o'i ddisgynyddion, hefyd yn ystyried castell mewn man mor anghysbell yn garchar defnyddiol; caethiwodd ei ewythr, Dafydd ap Owain, yma ym 1194, er enghraifft.

Yn dilyn marwolaeth Dafydd ap Llywelyn ym 1246 a'r anghydfod rhwng meibion ei frawd Gruffudd, Llywelyn ap Gruffudd a ddaeth yn geffyl blaen yng Ngwynedd, ac ef a gymerodd yr awenau. Carcharodd yntau aelodau o'i deulu yma. Yn dilyn brwydr Bryn Derwin ym 1255, pan orchfygodd Llywelyn ei frodyr, cadwodd ei frawd hynaf Owain ap Gruffudd, sef Owain Goch, yma am dros ugain mlynedd nes y bu'n rhaid iddo'i ryddhau dan amodau Cytundeb Aberconwy ym 1277. Bu Castell Dolbadarn yn allweddol i Lywelyn trwy gydol ei ryfeloedd yn erbyn Edward I. Pan laddwyd ef ym mis Rhagfyr 1282, parhaodd Dafydd ei frawd i wrthsefyll y Saeson a goroesodd dwy ddogfen a arwyddwyd ganddo yma yn Nolbadarn ar 2 Mai 1283. Ychydig ddyddiau'n ddiweddarach cipiodd Edward y castell.

Mae tystiolaeth fod Madog ap Llywelyn wedi llwyddo i'w ennill yn ôl ym 1295, ond roedd yn nwylo Edward unwaith eto y flwyddyn ganlynol. Fe'i dymchwelwyd yn rhannol yn ystod y blynyddoedd nesaf, er iddo barhau yn faenor frenhinol a bu peth adnewyddu arno ddechrau'r bedwaredd ganrif ar ddeg. Daeth ei hynt fel castell i ben yn ystod Rhyfeloedd y Rhosynnau, fodd bynnag, pan ddaeth William Herbert o Raglan a llu o Iorciaid yma i'w feddiannu am gyfnod byr ym 1468. Wedi dychwelyd i ddwylo'r Lancastriaid, chafodd Castell Dolbadarn fawr o sylw, a dadfeilio fu ei hanes.

Dolbadarn Castle

In pre-Norman times there was no tradition of castle building in Wales. Strongholds were established when necessary and for specific purposes: to assert sovereignty perhaps or to guard river crossings and mountain passes. That was the case here at Dolbadarn. There was a stronghold on this high rock overlooking Lake Padarn at the foot of the pass of Llanberis for centuries before the present castle was built, guarding the route from Arfon to the upper Conwy Valley.

It became an important site for the princes of Gwynedd. It is, after all, in the heart of Snowdonia, and Gruffudd ap Cynan probably raised a castle of sorts here about 1098, following his escape from imprisonment under Hugh d'Avranches, Earl of Chester. It was, however, Llywelyn the Great who built Dolbadarn Castle and the round tower we see in the picture, considered to be the finest surviving example of a Welsh round tower.

Llywelyn built the castle sometime between about 1220 and 1230 when he contemplated moving the administrative centre of the commote of Is Gwyrfai from Llanbeblig to Dolbadarn. He had known several Norman noblemen and some of his children had married their children. He had seen their castles too and probably felt that a Welsh prince deserved eminent castles as much as they did. At that time castles were also becoming status symbols among noblemen, and one without a castle was unlikely to receive the respect of his peers. Llywelyn, like some of his descendants, also evidently regarded a remote castle as a useful prison: he confined his uncle, Dafydd ap Owain, here in 1194, for example.

Following the death of Dafydd ap Llywelyn in 1246 and the discord between his brother Gruffudd's sons, Llywelyn ap Gruffudd eventually succeeded to the princedom. He too imprisoned members of his family here. After the battle of Bryn Derwin in 1255 where he defeated his brothers, he kept his elder brother Owain ap Gruffudd, Owain Goch, here for over twenty years until forced to release him in 1277 under the terms of the Treaty of Aberconwy. Dolbadarn was vital to Llywelyn throughout his wars with Edward I. When he was killed in December 1282 his brother Dafydd continued to resist the English and two documents signed by him here at Dolbadarn on May 2nd 1283 have survived. Edward took the castle a few days later.

There is evidence that Madog ap Llywelyn recaptured it in 1295 but it was once more in Edward's hands the following year. He partly demolished it during the next few years, although it remained a royal manor, and some repairs were carried out at the beginning of the fourteenth century. Its life as a castle came to an end during the Wars of the Roses, however, when William Herbert of Raglan and a Yorkist force occupied it briefly in 1468. On its return to Lancastrian hands, Dolbadarn Castle was given little attention and it fell into ruin.

16. Castell Dolwyddelan *Castle*

Castell Dolwyddelan

Maint y llun wedi ei wnïo ar ddefnydd 14 edau i'r fodfedd, gan gynnwys y border:

6" x 6" neu 15.2cm. x 15.2cm.

Nifer y pwythau: 84 x 84

I wnïo'r llun ar Aida 14 edau i'r fodfedd neu ar ddefnydd gwead gwastad 28 edau i'r fodfedd, bydd angen darn o ddefnydd yn mesur:

12" x 12" neu 30.5cm. x 30.5cm.

Arweiniad i'r gwnïo

Defnyddiwch 2 edefyn i wnïo pob croesbwyth, ac eithrio wrth wnïo'r awyr.

Defnyddiwch 1 edefyn o liw 775 i wnïo'r awyr.

Gwnïwch ganghennau'r coed gan ddefnyddio 2 edefyn lliw 840 a hirbwythau.

Gwnïwch ddail y ddwy goeden welir yn erbyn yr awyr ar ôl gwnïo'r canghennau, er mwyn i'r canghennau ymdoddi i'r dail.

Dolwyddelan Castle

Size of the picture sewn on 14 count fabric and including the border:

6" x 6" or 15.2cm. x 15.2cm.

Stitch count: 84 x 84

To sew the picture on 14 count Aida or 28 count evenweave, you will need a piece of fabric measuring:

12" x 12" or 30.5cm. x 30.5cm.

Sewing guide

Use 2 strands of thread to sew each cross stitch, except when sewing the sky.

To sew the sky use 1 strand of the colour 775.

Sew the branches of the trees using 2 strands of the colour 840 and long stitches.

Sew the leaves of the two trees seen against the sky after sewing the branches, so that the branches merge into the leaves.

Castell Dolwyddelan

Dywed traddodiad mai yma yng Nghastell Dolwyddelan y ganwyd Llywelyn ap Iorwerth, sef Llywelyn Fawr, ym 1273 ond yn anffodus mae hynny'n annhebygol yn ôl y dystiolaeth archeolegol. Yn hytrach, credir heddiw mai mewn cadarnle llai a llawer hŷn a safai ar fryncyn ar lawr y dyffryn nid nepell o'r castell y gwelodd Llywelyn olau dydd gyntaf.

Saif y castell presennol, a welir yn y llun, ar fryn go serth ar lethrau deheuol Moel Siabod yn hen gwmwd Nant Conwy, yn edrych allan dros Ddyffryn Lledr a'r ffordd o Feirionnydd i Ddyffryn Conwy dros fwlch y Gerddinen. Pan fu farw Owain Gwynedd ym 1170, derbyniodd ei ail fab Iorwerth, Iorwerth Drwyndwn, gwmwd Nant Conwy, a daeth i Ddolwyddelan gyda'i wraig Margaret. Bu farw Iorwerth yn fuan wedi geni ei fab ac aeth Margaret a'i phlentyn at ei theulu ym Mhowys, lle magwyd Llywelyn.

Wedi dychwelyd i Wynedd yn oedolyn, llwyddodd Llywelyn i ddod â hen diriogaethau ei daid Owain Gwynedd o dan ei reolaeth erbyn 1203, ac ym 1205 priododd â Siwan, merch anghyfreithlon y Brenin John, er mai pur derfysglyd fu ei berthynas â'r brenin hwnnw'n ddiweddarach. Yn y cyfnod rhwng 1210 a 1240 y cododd Llywelyn Gastell Dolwyddelan ar y safle presennol, yn dŵr hirsgwar deulawr, i gymryd lle'r hen gastell lle'i ganwyd.

Fel Dolbadarn, daeth Dolwyddelan yn un o gadarnleoedd pwysig ŵyr Llywelyn, sef Llywelyn ap Gruffudd, yng nghanol mynyddoedd Eryri adeg ei ryfeloedd yn erbyn Edward I. Amcangyfrifir y gellid cadw yn agos i bum cant o wartheg ar hafotai yn y dyffryn a'r cyffiniau yn y drydedd ganrif ar ddeg, fel bod cynhaliaeth ar gael yn agos i'r castell. Roedd hynny'n fater o bwys mawr i Lywelyn, yn enwedig wedi iddo orfod derbyn amodau Cytundeb Aberconwy ym 1277 a'i gyfyngodd i Wynedd Uwch Conwy.

Syrthiodd y castell i ddwylo Edward ar 18 Ionawr 1283, ychydig dros fis wedi marwolaeth Llywelyn, ac roedd hi'n amlwg bod y brenin yn ei ystyried yn safle go allweddol ar y pryd, gan iddo orchymyn ei baratoi ar gyfer gwrthymosodiad ar unwaith. Yna, ychydig yn ddiweddarach, adeiladodd ail dŵr ar ochr orllewinol y castell, a chredir iddo godi tŵr Llywelyn ap Iorwerth yn uwch hefyd.

Ymhen amser, wedi i bethau dawelu yng Nghymru, gadawodd y Saeson Gastell Dolwyddelan. Mae'n debyg y teimlid ei fod yn rhy anghysbell, ac yn llai pwysig ar ôl codi cestyll mawr Conwy a Harlech i'r gogledd a'r de-orllewin iddo. Daeth Maredudd ab Ieuan ap Robert, un o gyndeidiau Syr John Wyn o Wydir, i fyw yma am gyfnod ym 1488, a chredir iddo adnewyddu rhywfaint ar y castell. Ond wedi hynny adfeilio'n enbyd fu ei hanes nes i'r tŵr gael ei adfer rywfaint yn y bedwaredd ganrif ar bymtheg.

Dolwyddelan Castle

Traditionally Llywelyn ap Iorwerth, Llywelyn the Great, is said to have been born here in Dolwyddelan Castle in 1273 but unfortunately, according to archaeological evidence, this is unlikely. Today it is believed that he was born in a smaller and much older stronghold that stood on a knoll on the valley floor, not far from the castle.

The present castle, seen in the picture, stands on a steep hill on the southern slopes of Moel Siabod, overlooking the Lledr Valley and the road from Meirionnydd to the Conwy Valley over the Crimea pass. When Owain Gwynedd died in 1170, his second son Iorwerth, Iorwerth Drwyndwn, inherited the commote of Nant Conwy and he and Margaret his wife came to Dolwyddelan. Iorwerth died shortly after the birth of his son and Margaret and her child went to her family in Powys, where Llywelyn was brought up.

Returning to Gwynedd later, Llywelyn succeeded by 1203 in bringing his grandfather's old domains under his control and in 1205 he married Joan, King John's illegitimate daughter (although his relations with that unpredictable king were later quite turbulent). Llywelyn built Dolwyddelan Castle on this site between 1210 and 1240 as a rectangular two-storey tower, replacing the castle in which he was born.

Like Dolbadarn, Dolwyddelan became one of the key strongholds in the heart of Snowdonia of Llywelyn ap Gruffudd (Llywelyn's grandson) during his wars with Edward I. It is estimated that nearly five hundred cattle could be kept on vaccaria in the valley and its surrounding area during the thirteenth century, so that food was available close to the castle. That was of vital importance to Llywelyn, particularly after he had to accept the terms of the Treaty of Aberconwy in 1277, which confined him to Gwynedd beyond the river Conwy.

Edward captured the castle on January 18th 1283, a little over a month after the death of Llywelyn, and he clearly considered it to be of strategic importance at the time, as he ordered immediate preparations against a counterattack. A little later he built a second tower on the west side of the castle and it is thought that he also raised Llywelyn ap Iorwerth's tower.

In time, when matters in Wales had quietened down, the English left Dolwyddelan Castle. It was probably considered too remote and of less importance following the building of Conwy and Harlech Castles to the north and south-west of it. One of Sir John Wyn of Gwydir's ancestors, Maredudd ab Ieuan ap Robert, lived here for a while after 1488, and he is believed to have restored the castle somewhat. After that, however, it became seriously dilapidated until the tower was partly restored in the nineteenth century.

17. Castell Harlech *Castle*

Castell Harlech

Maint y llun wedi ei wnïo ar ddefnydd 14 edau i'r fodfedd, gan gynnwys y border:

8.6" x 5.8" neu 22cm. x 14.7cm.

Nifer y pwythau: 121 x 81

I wnïo'r llun ar Aida 14 edau i'r fodfedd neu ar ddefnydd gwead gwastad 28 edau i'r fodfedd, bydd angen darn o ddefnydd yn mesur:

14" x 12" neu 35.5cm. x 30.5cm.

Arweiniad i'r gwnïo

Defnyddiwch 2 edefyn i wnïo pob croesbwyth, ac eithrio wrth wnïo'r awyr, y gwastatir a'r mynyddoedd yn y cefndir.

Defnyddiwch 1 edefyn yr un o'r lliwiau a ddangosir ar y patrwm i wnïo'r awyr, y gwastatir a'r mynyddoedd.

Harlech Castle

Size of the picture sewn on 14 count fabric and including the border:

8.6" x 5.8" or 22cm. x 14.7cm.

Stitch count: 121 x 81

To sew the picture on 14 count Aida or 28 count evenweave, you will need a piece of fabric measuring:

14" x 12" or 35.5cm. x 30.5cm.

Sewing guide

Use 2 strands of thread to sew each cross stitch, except when sewing the sky, the low ground and the mountains in the background.

To sew the sky, the low ground and the mountains, use 1 strand of each of the colours indicated on the chart.

Castell Harlech

Dolen arall yng nghadwyn Edward I o gwmpas Gogledd Cymru yw Castell Harlech. Saif yn drawiadol ar graig uchel ym Meirionnydd, gan edrych allan dros Fae Tremadog, a phanorama eang o'i flaen, o Ben Llŷn ar un llaw i fynyddoedd Eryri ar y llall. Go brin y cafodd unrhyw filwr ar ddyletswydd erioed y fath olygfa yn unman.

Does dim tystiolaeth gadarn fod castell Cymreig cynharach wedi sefyll yma, ond mae'n anodd credu na ddefnyddiwyd safle milwrol mor ddelfrydol ynghynt. Yn ôl y Mabinogi, wrth gwrs, cynhaliodd Bendigeidfran ei lys yn Harlech, a phwy all ddiystyru hanes Branwen, ferch Llŷr?

Y Safwywr James o St George oedd yn gyfrifol am adeiladu Castell Harlech hefyd. Dewisodd y graig hon yn ofalus: roedd yn syrthio'n syth i'r môr yn y drydedd ganrif ar ddeg, gan adael ond un ochr lle gellid ymosod arni. Cryfhaodd James yr ochrau oedd yn ymestyn i'r dŵr hefyd, ac adeiladodd risiau serth a arweiniai i lawr y graig at hafan fechan a gynlluniwyd ar gyfer cyflenwi'r castell o'r môr. Erbyn heddiw mae'r môr yn agos i filltir i ffwrdd.

Dechreuwyd adeiladu ar y graig ym mis Mai 1283 ac, yn rhyfeddol, roedd modd garsiynu'r castell erbyn y gaeaf canlynol. Penodwyd Safwywr arall, Syr John de Bonvillars, yn gwnstabl cyntaf Harlech ym 1285 ac aethpwyd ati fel lladd nadroedd i barhau â'r gwaith adeiladu am y bedair blynedd nesaf. Roedd cymaint â 950 o ddynion yn gweithio yma ym 1286, er enghraifft, a chwblhawyd y castell ym 1289.

Amlygwyd yn fuan ddoethineb James o St George yn adeiladu'r hafan wrth droed y graig, pan lwyddodd y castell i wrthsefyll gwarchae yn ystod gwrthryfel 1294 oherwydd y gellid ei gyflenwi o'r môr. Fe'i cryfhawyd ymhellach ar bob ochr yn fuan wedyn. Cipiodd Owain Glyndŵr Gastell Harlech ym 1404, fodd bynnag, ac roedd yn un o'r unig ddau le y gwyddom iddo gynnal senedd ynddynt. Ym 1409 fe'i collodd eto i'r Saeson dan arweiniad Harri o Drefynwy, Harri V yn ddiweddarach. Yn ystod Rhyfeloedd y Rhosynnau bu ym meddiant y Lancastriaid hyd Awst 1468 pryd y syrthiodd i ddwylo'r Iorciaid o dan William Herbert o Raglan wedi mis o warchae. Yn ôl y sôn, diwedd y gwarchae hwn a ysbrydolodd y gân 'Rhyfelgyrch Gwŷr Harlech'. Dadfeiliodd y castell rywfaint yn ystod y blynyddoedd canlynol nes i Frawdlysoedd Meirionnydd gael eu cynnal yma yn nheyrnasiad Elisabeth I.

Yn y Rhyfel Cartref, daliwyd Harlech ar gyfer y goron o 1644. Daeth dan warchae unwaith eto ym 1646 ac fe'i ildiwyd i luoedd y Senedd ym Mawrth 1647; y cadarnle brenhinol olaf i syrthio yn y cyfnod hwnnw o'r rhyfel. Gorchmynnwyd i Harlech hefyd gael ei ddymchwel ond ychydig ohono a ddifrodwyd, ac o ran ei amlinelliad pur agos i'r gwreiddiol yw'r adeilad a welwn ni heddiw.

Harlech Castle

Harlech Castle is yet another link in Edward I's chain encircling North Wales. It stands spectacularly on a high rock in Merionnydd, looking out over Tremadog Bay and with a broad panorama before it, from Llŷn on the one hand to the mountains of Snowdonia on the other. No soldier on duty anywhere can ever have had such a view.

There is no firm evidence of an earlier Welsh castle here but it is difficult to believe that such an ideal military location was not previously used. Of course, according to the Mabinogi, Bendigeidfran held court in Harlech and who can disregard the story of Branwen, daughter of Llŷr?

It was the Savoyard James of St George who again directed the building of Harlech Castle. James selected this rock very carefully: it fell sharply to the sea in the thirteenth century, leaving only one side open to attack. He fortified the sides that extended into the water as well, and built a steep stairway leading down the rock to a small dock, designed to enable the castle to be supplied from the sea. Today the sea is almost a mile away.

Work began on the rock in May 1283 and remarkably it was possible to garrison the castle by the following winter. Another Savoyard, Sir John de Bonvillars, was appointed Harlech's first constable in 1285 and work continued frantically over the next four years. As many as 950 men worked here in 1286, for example, and the castle was completed in 1289.

James of St George's wisdom in building the dock at the foot of the rock was evident when the castle succeeded in withstanding a siege during the 1294 revolt because it could be supplied by sea. Shortly afterwards it was further fortified on all sides. Owain Glyndŵr captured the castle in 1404, however, and it was one of the only two places where he is known to have held a parliament. In 1409, he lost it again to the English under Henry of Monmouth, later to be Henry V. During the Wars of the Roses it was held by the Lancastrians until August 1468 when, after a month-long siege, it fell to the Yorkists under William Herbert of Raglan. The end of that siege is said to have inspired the song March of the Men of Harlech. *Over the following years the castle's condition deteriorated somewhat until the Merioneth Assizes came to be held there in the reign of Elizabeth I.*

In the Civil War, Harlech was held for the crown from 1644. It came under siege yet again in 1646 and was surrendered to Parliamentary forces in March 1647: the last royalist stronghold to be lost during that phase of the war. It was ordered to be demolished, but little of it was destroyed and the structure we see today is in outline much as it originally appeared.

18. Castell Penfro *Pembroke Castle*

Castell Penfro

Maint y llun wedi ei wnïo ar ddefnydd 14 edau i'r fodfedd, gan gynnwys y border:

8.4" x 6.4" neu 21.4cm. x 16.3cm.

Nifer y pwythau: 118 x 90

I wnïo'r llun ar Aida 14 edau i'r fodfedd neu ar ddefnydd gwead gwastad 28 edau i'r fodfedd, bydd angen darn o ddefnydd yn mesur:

14" x 12" neu 35.5cm. x 30.5cm.

Arweiniad i'r gwnïo

Defnyddiwch 2 edefyn i wnïo pob croesbwyth, ac eithrio wrth wnïo'r awyr, y dŵr a'r adlewyrchiadau yn y dŵr.

Defnyddiwch 1 edefyn yr un o liwiau 775 a 3325 i wnïo'r awyr.

Defnyddiwch 1 edefyn yr un o'r lliwiau a ddangosir ar y patrwm i wnïo'r dŵr a'r adlewyrchiadau.

Pembroke Castle

Size of the picture sewn on 14 count fabric and including the border:

8.4" x 6.4" or 21.4cm. x 16.3cm.

Stitch count: *118 x 90*

To sew the picture on 14 count Aida or 28 count evenweave, you will need a piece of fabric measuring:

14" x 12" or 35.5cm. x 30.5cm.

Sewing guide

Use 2 strands of thread to sew each cross stitch, except when sewing the sky, the water and the reflections in the water.

To sew the sky use 1 strand of each of the colours 775 and 3325.

To sew the water and the reflections use 1 strand of each of the threads indicated on the chart.

Castell Penfro

Ardal go anghysbell oedd Penfro yn y Canol Oesoedd a dyna pam, mae'n debyg, na chwaraeodd Castell Penfro ran mor flaenllaw â rhai o gestyll eraill Cymru yn hanes y wlad. Eto, yn ei amser bu yn nwylo rhai o'i gwŷr mwyaf pwerus.

Doedd Penfro ddim yn rhy anghysbell i Roger de Montgomery, Iarll Amwythig, pan ysgubodd i'r de-orllewin ym 1093, y flwyddyn y lladdwyd Rhys ap Tewdwr o Ddeheubarth mewn ymosodiad arall ar ei diroedd. Wedi hawlio'r ardal, dewisodd Roger y fan yma ar gyfer castell: craig wastad ar drwyn o dir yn ymestyn i gilfach wrth aber y ddwy afon Cleddau. Rhoddodd y safle i'w fab Arnulf, ynghyd â'r cyfrifoldeb o godi castell ar frys. Un o bridd a choed fyddai hwnnw; roedd yr un anferth a welwn yn y llun rai blynyddoedd i ffwrdd eto. Syrthiodd teulu Montgomery ym 1102, wedi bod yn swmbwl yng nghnawd tri brenin, a chymerodd Harri I Benfro oddi ar Arnulf. Ymhen amser fe'i rhoddwyd i Gerald de Windsor, mab-yng-nghyfraith Rhys ap Tewdwr, a'r gŵr a gododd gestyll Caeriw a Chilgerran.

Yn y ddeuddegfed ganrif ymestynnodd teulu de Clare eu tiroedd a'u hawdurdod yn Ne Cymru ac ym 1138 daeth Gilbert de Clare yn Iarll Penfro. Ym 1169 roedd ei fab Richard â'i fryd ar goncro Iwerddon, a daeth Castell Penfro'n garreg sarn ar gyfer croesi yno ac yn ôl. Wedi marwolaeth Richard de Clare ym 1176 aeth y castell a'r iarllaeth trwy ei ferch i feddiant William Marshal, a dyma'r gŵr a adeiladodd y castell a welir yma heddiw. Roedd ei diroedd yn Iwerddon o bwys i Marshal hefyd ac roedd Penfro'n allweddol iddo ef ac eraill gadw cysylltiad â'r wlad honno. Roedd yn benderfynol, felly, o godi castell cadarn a thrawiadol yma. Bu iddo bump o feibion, ond gan na chafodd un ohonynt blant, aeth Castell Penfro trwy un o'i ferched i feddiant William de Valence yn y pen draw, sef cadlywydd byddin Edward I yn Ne Cymru, ym 1282.

Daeth yr iarllaeth yn wag ym 1389 a phenododd y goron sawl un i warchod y castell am gyfnodau byr, gan gynnwys Francis Court, oedd yma pan geisiodd Owain Glyndŵr gipio'r castell ym 1403. Yn ystod terfysgoedd Rhyfeloedd y Rhosynnau dyrchafwyd y Lancastriad Siasbar Tudur yn Iarll Penfro, ac yma ym 1457 y ganwyd ei nai, Harri Tudur, sef Harri VII yn ddiweddarach. Collodd Siasbar yr iarllaeth ym 1461 ond fe'i cafodd yn ôl wedi buddugoliaeth Harri Tudur yn Bosworth ym 1485.

Cafodd cestyll lai o sylw dan y Tuduriaid, ond er bod rhai wedi dirywio, ni ddigwyddodd hynny i Gastell Penfro i'r un graddau. Yn y Rhyfel Cartref roedd Penfro'n unigryw ymysg trefi Cymru wrth gefnogi'r Senedd. Daliwyd y castell gan John Poyer, cyn-faer y dref, ac er gwaethaf gwarchae'r brenhinwyr, safodd trwy gydol y rhyfel. Ym 1648, fodd bynnag, anghytunodd Poyer â'r llywodraeth ac ymunodd ag achos y brenin. Gosododd Oliver Cromwell ei hun y castell dan warchae o fis Mai hyd fis Gorffennaf, pan ildiodd iddo. Dienyddiwyd Poyer yn ddiweddarach a difrodwyd rhywfaint ar y castell wedyn.

Pembroke Castle

Pembroke was quite a remote area in the Middle Ages, which is probably why Pembroke Castle did not play as prominent a role in Welsh history as others. Yet in its time it was held by some of the country's most powerful men.

It was not too remote for Roger de Montgomery, Earl of Shrewsbury, however, when he swept into the south-west in 1093, the year that Rhys ap Tewdwr of Deheubarth was killed in another raid on his lands. Having claimed the area, Roger chose this site for a castle: a level rock on a short promontory in a creek close to the mouth of the two Cleddau rivers. He gave the site to his son Arnulf, charging him with building a castle here at once. That would be one of earth and timber: the massive stronghold we see today was still some years away. The Montgomery family fell in 1102, having been a thorn in the flesh of three kings. Henry I took Pembroke from Arnulf and in time it went to Rhys ap Tewdwr's son-in-law, Gerald de Windsor, the man who built Carew and Cilgerran Castles.

The de Clare family extended their lands and authority in South Wales in the twelfth century and Gilbert de Clare became Earl of Pembroke in 1138. Richard, his son, was intent on conquering Ireland in 1169 and the castle became a stepping-stone to travel there and back. On Richard de Clare's death in 1176 the castle and earldom passed through a daughter to William Marshal and it was he who built the present castle. His Irish lands also meant a great deal to Marshal, and Pembroke was strategic for him and others in keeping contact with Ireland. He was therefore determined to raise a strong and impressive castle here. He had five sons but, as none of them had children, Pembroke Castle eventually went through one of his daughters to William de Valence, commander of Edward I's army in South Wales in 1282.

The earldom became vacant in 1389 and the crown appointed several men to govern here for short periods, including one Francis Court, who was in charge when Owain Glyndŵr tried to take the castle in 1403. In 1453, during the disturbances of the Wars of the Roses, the Lancastrian Jasper Tudor was made Earl of Pembroke, and in 1457 his nephew Henry Tudor, later Henry VII, was born here. Jasper lost the earldom in 1461 but regained it after Henry Tudor's victory at Bosworth in 1485.

Castles received less attention in the Tudor period, and although some of them deteriorated, Pembroke Castle did not to the same degree. In the Civil War, Pembroke, uniquely among Welsh towns, supported Parliament. A former mayor, John Poyer, held the castle, and despite a royalist siege, held it throughout the war. In 1648 however Poyer quarrelled with the government and went over to the king's cause. Oliver Cromwell himself besieged the castle from May to July, when it yielded to him. Poyer was later executed and some slighting of the castle took place.

19. Castell Penrhyn *Castle*

Castell Penrhyn

Maint y llun wedi ei wnïo ar ddefnydd 14 edau i'r fodfedd, gan gynnwys y border:

8.6" x 5.8" neu 22cm. x 14.7cm.

Nifer y pwythau: 121 x 81

I wnïo'r llun ar Aida 14 edau i'r fodfedd neu ar ddefnydd gwead gwastad 28 edau i'r fodfedd, bydd angen darn o ddefnydd yn mesur:

14" x 12" neu 35.5cm. x 30.5cm.

Arweiniad i'r gwnïo

Defnyddiwch 2 edefyn i wnïo pob croesbwyth, ac eithrio wrth wnïo'r awyr.

Defnyddiwch 1 edefyn lliw 3325 i wnïo'r awyr.

Penrhyn Castle

Size of the picture sewn on 14 count fabric and including the border:

8.6" x 5.8" or 22cm. x 14.7cm.

Stitch count: 121 x 81

To sew the picture on 14 count Aida or 28 count evenweave, you will need a piece of fabric measuring:

14" x 12" or 35.5cm. x 30.5cm.

Sewing guide

Use 2 strands of thread to sew each cross stitch, except when sewing the sky.

To sew the sky use 1 strand of the colour 3325.

Castell Penrhyn

Os gellir galw adeilad yn fwngrel, yna mwngrel o gastell yw Castell Penrhyn. Er mor hoffus y mwngrel fel arfer, mae llawer o bobl yn ardaloedd chwareli Cymru'n bur amheus o hwn oherwydd ei gysylltiad â streic fawr chwarel y Penrhyn ym Methesda a'r anghydfod a'i dilynodd yn yr ardal ym mlynyddoedd cynnar y ganrif ddiwethaf.

Serch hynny, mae'n adeilad neo-Normanaidd syfrdanol, yn sefyll mewn parcdir eang rhwng Eryri a'r Fenai, tua milltir i'r dwyrain o Fangor. Mae'n ddau gan llath o hyd ac iddo dros erw o doeau, ac mae'n un o dai preifat mwyaf Prydain.

Fe'i hadeiladwyd rhwng 1820 a 1840 o garreg galch Môn, yn gartref i deulu George Hay Dawkins, gan efelychu castell Normanaidd yn ôl cynllun gan Thomas Hopper. Cymerodd Dawkins y cyfenw atodol Pennant pan etifeddodd ystadau ei gefnder Richard Pennant, a ddyrchafwyd i arglwyddiaeth Wyddelig fel yr Arglwydd Pennant ym 1783. Credai George Dawkins Pennant y byddai'r arddull ganoloesol yn addas i adeilad mawr oedd i'w godi rhwng cestyll Caernarfon a Chonwy. Credai y byddai'n gweddu hefyd gan y bu maenordy, o bosib o'r cyfnod Normanaidd, ar y safle a ddewisodd ar gyfer ei gartref newydd.

Daeth yr arian i dalu am godi'r adeilad hynod hwn o elw chwarel y Penrhyn ac o fuddsoddiadau teuluoedd Pennant a Dawkins yn niwydiant siwgr Jamaica.

Cwmpasodd y castell dŷ a adeiladwyd gan yr Arglwydd Pennant ryw hanner can mlynedd ynghynt yn ogystal â'r maenordy canoloesol. Mae'r gorthwr anferth yn debyg iawn i un Castell Hedingham yn Swydd Essex, castell Normanaidd go iawn, ac mae manylion pensaernïol muriau Castell Penrhyn yn dilyn arddull y Normaniaid yn ofalus.

Etifedd George Dawkins Pennant oedd ei fab-yn-nghyfraith, y Cyrnol Edward Gordon Douglas. Mabwysiadodd yntau gyfenw newydd ym 1841, sef Douglas-Pennant,. Roedd ganddo ddiddordeb yn y celfyddydau cain ac fe ychwanegodd at gasgliad lluniau'r teulu yn y castell, gan brynu'n ofalus. Heddiw ystyrir y casgliad y gorau yng Nghymru ar wahân i gasgliad yr Amgueddfa Genedlaethol. Ehangodd y Cyrnol ystadau'r teulu hefyd a datblygodd chwarel y Penrhyn nes ei bod y fwyaf o'i math yn y byd, gan gyflogi dros dair mil o weithwyr. Dyrchafwyd Edward Douglas-Pennant yn Arglwydd Penrhyn ym 1866 a chofir ei fab, yr ail Arglwydd Penrhyn, yng nghyswllt y streic fawr a'r dioddefaint a'i dilynodd rhwng 1900 a 1903.

Penrhyn Castle

If a building may be described as a mongrel, then Penrhyn Castle is a mongrel. However affectionate a mongrel may normally be, many people in the Welsh slate quarrying districts regard this one with some caution because of its association with the great strike at the Penrhyn quarry, Bethesda, and the resulting discord in the area during the early years of the last century.

It is nevertheless a breathtaking neo-Norman building set in extensive parkland between Snowdonia and the Menai Straits, about a mile to the east of Bangor. Two hundred yards long and with over an acre of roof area, it is one of the largest private houses in Britain.

Modelled on a Norman fortress, this building was built between 1820 and 1840 of Anglesey limestone, to a design by Thomas Hopper, as a family home for George Hay Dawkins. He adopted the additional surname Pennant when he inherited the estates of his cousin Richard Pennant, who was raised to an Irish peerage as Lord Pennant in 1783. George Dawkins Pennant believed that the medieval style was appropriate for a large building between the castles of Caernarfon and Conwy. He also felt it was suitable as there had been a manor house, possibly of the Norman period, on the site chosen for his new home.

The money to pay for this fantastic building came from the profits of the Penrhyn quarry and from the Jamaican sugar industry, in which both the Pennant and Dawkins families had an interest.

As it went up, the castle encompassed a house built some fifty years earlier by Lord Pennant, as well as the medieval manor house. The massive keep is very similar to that of Hedingham Castle in Essex, a genuine Norman castle, and the architectural details on the walls of Penrhyn are meticulously based on the Norman style.

George Dawkins Pennant's heir was his son-in-law, Col. Edward Gordon Douglas, who in 1841 also adopted a new surname: Douglas-Pennant. He took an interest in the fine arts and added to the family's collection of paintings at the castle, buying wisely. Today the collection is regarded as the finest in Wales next to that of the National Museum. He also extended the family's estates and developed the Penrhyn quarry into the largest of its kind in the world, employing over three thousand workers. He was made Lord Penrhyn in 1866 and his son, the second Lord Penrhyn, is remembered in connection with the great strike and the resulting local distress between 1900 and 1903.

20. Castell Powis *Castle*

Castell Powis

Maint y llun wedi ei wnïo ar ddefnydd 14 edau i'r fodfedd, gan gynnwys y border:

7.8" x 6.1" neu 19.8cm. x 15.4cm.

Nifer y pwythau: 109 x 85

I wnïo'r llun ar Aida 14 edau i'r fodfedd neu ar ddefnydd gwead gwastad 28 edau i'r fodfedd, bydd angen darn o ddefnydd yn mesur:

14" x 12" neu 35.5cm. x 30.5cm.

Arweiniad i'r gwnïo

Defnyddiwch 2 edefyn i wnïo pob croesbwyth, ac eithrio wrth wnïo'r awyr.

Defnyddiwch 1 edefyn lliw 3325 i wnïo'r awyr.

Powis Castle

Size of the picture sewn on 14 count fabric and including the border:

7.8" x 6.1" or 19.8cm. x 15.4cm.

Stitch count: *109 x 85*

To sew the picture on 14 count Aida or 28 count evenweave, you will need a piece of fabric measuring:

14" x 12" or 35.5cm. x 30.5cm.

Sewing guide

Use 2 strands of thread to sew each cross stitch, except when sewing the sky.

To sew the sky use 1 strand of the colour 3325.

Castell Powis

Gwelir Castell Powis ar godiad tir ryw filltir i'r de-Orllewin o'r Trallwng. Heddiw mae'n bwrw ei olwg yn ddigon hamddenol dros afon Hafren a mwynder Maldwyn, ond yn ystod sawl doe bu'n rhaid iddo edrych yn wyliadwrus dros ben – nid yn unig tua Lloegr, ychydig filltiroedd i'r dwyrain, ond hefyd tua'r gogledd-orllewin a pharthau Gwynedd.

Mae tystiolaeth fod cadarnle wedi bod ar y safle hwn am dros fil o flynyddoedd, ac yn sicr roedd gan dywysogion Powys un yma yn yr unfed ganrif ar ddeg, ond cipiwyd hwnnw gan y Saeson ym 1196. Fe'i cymerwyd yn ôl flwyddyn yn ddiweddarach gan Gwenwynwyn ap Owain, a etifeddodd ran helaeth o Bowys gan ei dad, Owain Cyfeiliog, ym 1197, a chododd yntau gastell yma. Adeiladwyd y rhan fwyaf o'r adeilad presennol rhwng 1275 a 1320, fodd bynnag, ac yn allanol o leiaf, ychydig o newid fu arno ers yr Oesoedd Canol.

Doedd fawr o gytundeb rhwng Powys a Gwynedd, a phan ymosododd Gwynedd ar Bowys ym 1257 dihangodd Gruffudd, mab Gwenwynwyn, i Loegr am loches gyda Harri III. Pan orchfygwyd hwnnw gan Simon de Montford ym mrwydr Lewes ym 1264, dychwelodd Gruffudd a thalodd wrogaeth i Llywelyn ap Gruffudd. Yna, pan ymosododd Edward I ar Gymru ym 1277, trodd ei gôt a chefnogodd frenin Lloegr. Yn wobr, cafodd adfeddiannu Castell Powis, cafodd ei fab Owain ei wneud yn Farwn de la Pole, a chaniatawyd i'w wyres Howys etifeddu'r castell ym 1309. Bu Castell Powis yn nwylo disgynyddion Howys am sawl cenhedlaeth wedyn.

Prynodd Syr Edward Herbert, ail fab Iarll Penfro, y castell ym 1587 a newidiodd gryn dipyn arno – oddi mewn yn bennaf. Dyrchafwyd ei fab yn Arglwydd Powys gan Siarl I ym 1629 a chefnogodd y teulu'r goron yn y Rhyfel Cartref. Ildiodd y castell i luoedd y Senedd ym 1644, ond fe'i rhoddwyd yn ôl i'r teulu wedi'r Adferiad. Gwnaeth y trydydd Arglwydd, a ddyrchafwyd yn Iarll Powys ym 1674, newidiadau mawr yma, gan gynnwys adeiladu'r gerddi terasog gwych. Credir i'r rhain gael eu cynllunio gan William Winde, a fu'n gyfrifol am erddi cyffelyb Cliveden yn Swydd Buckingham.

Ym 1784 priododd merch ail Iarll Powys â mab hynaf yr Arglwydd Clive o India ac unwyd ystadau'r ddau deulu ym 1801. Erbyn hynny roedd y castell wedi dirywio ac fe'i hadferwyd yn drylwyr dan gyfarwyddyd Syr Robert Smirke. Rhoddwyd rhan o gasgliad gwerthfawr Clive – dodrefn, lluniau a phethau o India – yn y castell. Penododd y pedwerydd Iarll Powys ŵr o'r enw G. F. Bodley i oruchwylio newidiadau pellach yma yn gynnar yn y ganrif ddiwethaf ac ymgymerodd gwraig yr iarll â'r gwaith o drefnu'r ardd ffurfiol wrth droed y terasau a welir yn y llun.

Powis Castle

Powis Castle can be seen on rising ground about a mile to the south-west of Welshpool. Today it gazes placidly enough over the river Severn and the gentleness of Montgomeryshire, but for many yesterdays it had to keep a very alert eye not only towards England, a few miles to the east, but also towards the north-west and Gwynedd.

There is evidence that a stronghold has stood on this site for over a thousand years and the princes of Powys certainly had one here in the eleventh century. This was captured by the English in 1196. It was retaken a year later by Gwenwynwyn ap Owain, who inherited much of Powys from his father, Owain Cyfeiliog, in 1197 and he also built a castle here. Most of the present building however, was built between 1275 and 1320 and externally at least, little of it has changed since the Middle Ages.

There was little love lost between Powys and Gwynedd, and when Gwynedd invaded Powys in 1257 Gwenwynwyn's son Gruffudd fled to England and the protection of Henry III. When Henry was defeated by Simon de Montford at the battle of Lewes in 1264 Gruffudd returned and paid homage to Llywelyn ap Gruffudd. Then when Edward I attacked Wales in 1277 he changed sides and supported the English king. In return he was allowed to regain Powis Castle, his son Owain was created Baron de la Pole and his granddaughter Howys was permitted to inherit the castle in 1309. Powis Castle then remained in the hands of Howys's descendants for several generations.

Sir Edward Herbert, second son of the Earl of Pembroke, bought the castle in 1587 and made many alterations, mostly within the building. His son was created Lord Powys by Charles I in 1629 and the family supported the crown in the Civil War. The castle was surrendered to Parliamentary forces in 1644 but was given back to the family after the Restoration. The third Lord, made Earl of Powys in 1674, undertook extensive changes, including the construction of the magnificent terraced gardens. These are thought to have been designed by William Winde, who was responsible for similar gardens at Cliveden in Buckinghamshire.

In 1784 the second Earl of Powys's daughter married the eldest son of Lord Clive of India and in 1801 the Powys and Clive estates were united. The castle, which by then had deteriorated somewhat, was comprehensively restored under the direction of Sir Robert Smirke and part of the valuable Clive collection of furniture, pictures and Indian items was brought here. The fourth Earl of Powys commissioned G. F. Bodley to oversee further alterations early in the last century and his wife undertook the task of laying out the formal garden at the foot of the terraces seen in the picture.

21. Castell Rhaglan *Raglan Castle*

Castell Rhaglan

Maint y llun wedi ei wnïo ar ddefnydd 14 edau i'r fodfedd, gan gynnwys y border:

8" x 8" neu 20.3cm. x 20.3cm.

Nifer y pwythau: 112 x 112

I wnïo'r llun ar Aida 14 edau i'r fodfedd neu ar ddefnydd gwead gwastad 28 edau i'r fodfedd, bydd angen darn o ddefnydd yn mesur:

14" x 14" neu 35.5cm. x 35.5cm.

Arweiniad i'r gwnïo

Defnyddiwch 2 edefyn i wnïo pob croesbwyth, ac eithrio wrth wnïo'r awyr a'r ffos.

Defnyddiwch 1 edefyn yr un o liwiau 775 a 3325 i wnïo'r awyr.

Defnyddiwch 1 edefyn yr un o liwiau 502, 926 a 932 i wnïo'r ffos.

Defnyddiwch 2 edefyn lliw 642 a hirbwythau i wnïo canghennau'r goeden.

Raglan Castle

Size of the picture sewn on 14 count fabric and including the border:

8" x 8" or 20.3cm. x 20.3cm.

Stitch count: 112 x 112

To sew the picture on 14 count Aida or 28 count evenweave, you will need a piece of fabric measuring:

14" x 14" or 35.5cm. x 35.5cm.

Sewing guide

Use 2 strands of thread to sew each cross stitch, except when sewing the sky and the moat.

To sew the sky use 1 strand of each of the colours 775 and 3325.

To sew the moat use 1 strand of each of the colours 502, 926 and 932.

Sew the branches of the tree using 2 strands of the colour 642 and long stitches.

Castell Rhaglan

Dyma un o'r gwir gestyll olaf i'w codi ym Mhrydain, ac er na welwn olion ei waith yma heddiw, William Fitzosbern, Iarll Henffordd, a gododd Gastell Cas-gwent, a ddewisodd y safle hwn yn Rhaglan hefyd ac a ddechreuodd adeiladu castell yma. Does dim sicrwydd, ond mae'n debyg mai un mwnt-a-beili, o bridd a choed oedd hwnnw.

Rhoddwyd Rhaglan i ŵr o'r enw Walter Bloet yn y ddeuddegfed ganrif a bu ei deulu yma am yn agos i ddwy ganrif. Tua diwedd y bedwaredd ganrif ar ddeg, priododd Elisabeth Bloet â gŵr o'r enw William ap Thomas, ac aeth Rhaglan i'w ddwylo ef. Yna, wedi marwolaeth Elisabeth, ailbriododd William â Gwladus, gwraig weddw, a merch Dafydd ap Llywelyn ap Hywel, neu Dafydd Gam. Bu William ap Thomas, ynghyd â thad a gŵr cyntaf Gwladus, ym mrwydr Agincourt ym 1415, pryd y lladdwyd y ddau arall. Daeth William yn ŵr o bwys yn Ne Cymru ac ef oedd yn gyfrifol am ddechrau codi'r castell presennol. Gwelir ffrwyth ei lafur heddiw yn y gorthwr mawr a ffos o'i amgylch sydd ar y chwith yn y llun, ac yn neuadd y castell a'r porth deheuol.

Daeth mab hynaf William a Gwladus, William arall, yn llawer mwy blaenllaw na'i dad. Mabwysiadodd y cyfenw Herbert, ac ymhen amser cafodd nifer o swyddi uchel, cyn ei ddyrchafu'n Arglwydd Herbert o Raglan ym 1460. Cefnogodd yr Iorciaid yn Rhyfeloedd y Rhosynnau, a bu'n gyfrifol am eu cyrchoedd yng Nghymru. Am ei ran yng nghipio Castell Harlech ym 1468, fe'i dyrchafwyd yn Iarll Penfro gan Edward IV. Ychwanegodd yn helaeth at Gastell Rhaglan, ac ef yn wir oedd yn gyfrifol am gynllunio ffurf bresennol y castell. Syrthiodd William Herbert i ddwylo Lancastriaid wedi brwydr Edgecote ac fe'i dienyddiwyd yn Northampton ym 1469.

Ar ddechrau'r unfed ganrif ar bymtheg aeth Rhaglan drwy briodas i feddiant Charles Somerset, llyswr i Harri VII a Harri VIII. Fe'i dyrchafwyd yn Arglwydd Herbert o Raglan, Cas-gwent a Gŵyr ym 1505, ac yn Iarll Caerwrangon ym 1514. Ychwanegodd ef a'i ddisgynyddion at y castell, a bu Rhaglan ym meddiant y teulu am genedlaethau.

Yn y Rhyfel Cartref roedd y teulu'n daer dros y brenin, a bu Siarl I yma yn Rhaglan fwy nag unwaith. Dywedir mai arian teulu'r Iarll a gynhaliodd y brenin trwy'r rhyfel. Bu'r castell dan warchae o Fehefin i Awst 1646, pryd y bu'n rhaid ildio i filwyr y Senedd. Dioddefodd Rhaglan gryn ddifrod yn ystod y gwarchae, ac wedi ildio fe'i difrodwyd ymhellach. Collodd teulu'r Iarll eu gafael arno, ond fe'i dychwelwyd iddynt yn ddiweddarach. Wedi'r Adferiad, fodd bynnag, roedd ganddynt fwy o ddiddordeb yn Badminton, eu cartref yn Sir Gaerloyw, ac ychydig o sylw a gafodd Rhaglan o hynny ymlaen.

Raglan Castle

This is one of the last genuine castles to have been built in Britain and, although we cannot see his work here today, it was William Fitzosbern, Earl of Hereford, builder of Chepstow Castle, who also chose this site for a castle and began to build here. It is uncertain what kind of structure Fitzosbern built, but it was probably a motte and bailey castle of earth and timber.

In the twelfth century Raglan was granted to a Walter Bloet, and his family remained here for almost two hundred years. Towards the end of the fourteenth century Elizabeth Bloet married a man called William ap Thomas and Raglan passed into his hands. Following Elizabeth's death, William remarried with Gwladus, a widow, and the daughter of Dafydd ap Llywelyn ap Hywel, Dafydd Gam. Along with Gwladus's father and her first husband, William ap Thomas was at the battle of Agincourt in 1415, where the other two were killed. William became a man of some importance in South Wales and it was he who began to build the present castle. Today his work can be seen in the great keep with the moat around it, which is on the left of the picture and also in the hall and south gateway.

William and Gwladus's eldest son, another William, became much more prominent than his father. He took the surname Herbert and in time gained several high offices before becoming Lord Herbert of Raglan in 1460, following which he added extensively to Raglan Castle and was responsible for planning the shape of the castle as it is today. William supported the Yorkists in the Wars of the Roses and commanded their campaigns in Wales. Edward IV made him Earl of Pembroke for his part in the capture of Harlech Castle in 1468. He was, however, captured by Lancastrians after the battle of Edgecote and executed at Northampton in 1469.

Early in the sixteenth century Raglan passed by marriage to Charles Somerset, courtier to Henry VII and Henry VIII. He was created Lord Herbert of Raglan, Chepstow and Gower in 1505 and Earl of Worcester in 1514. He and his descendants added to the castle, and his family held Raglan for generations.

The Earl of Worcester was fervently for the king in the Civil War and Charles I visited Raglan more than once. It is said that it was the Earl's family wealth that sustained the king throughout the war. The castle was under siege from June to August 1646, when it was forced to surrender to Parliamentary troops. Raglan was severely damaged during the siege and more damage was done following the surrender. It was then taken from the Earl's family, but returned to them later. After the Restoration, however, they were more interested in their Gloucestershire home at Badminton and Raglan was given little attention from then on.

22. Castell Rhuddlan *Castle*

Castell Rhuddlan

Maint y llun wedi ei wnïo ar ddefnydd 14 edau i'r fodfedd, gan gynnwys y border:

8.1" x 5.9" neu 20.5cm. x 15.1cm.

Nifer y pwythau: 113 x 83

I wnïo'r llun ar Aida 14 edau i'r fodfedd neu ar ddefnydd gwead gwastad 28 edau i'r fodfedd, bydd angen darn o ddefnydd yn mesur:

14" x 12" neu 35.5cm. x 30.5cm.

Arweiniad i'r gwnïo

Defnyddiwch 2 edefyn i wnïo pob croesbwyth, ac eithrio wrth wnïo'r awyr.

Defnyddiwch 1 edefyn lliw 932 i wnïo'r awyr.

Rhuddlan Castle

Size of the picture sewn on 14 count fabric and including the border:

8.1" x 5.9" or 20.5cm. x 15.1cm.

Stitch count: 113 x 83

To sew the picture on 14 count Aida or 28 count evenweave, you will need a piece of fabric measuring:

14" x 12" or 35.5cm. x 30.5cm.

Sewing guide

Use 2 strands of thread to sew each cross stitch, except when sewing the sky.

To sew the sky use 1 strand of the colour 932.

Castell Rhuddlan

Mae dau gastell yn Rhuddlan: yr un cerrig a welwn yn y llun, a chastell mwnt a beili ychydig lathenni'n uwch i fyny afon Clwyd. Gan mai o bren yr adeiladwyd hwnnw, does dim ar ôl bellach ond y codiad tir lle safai. Unwaith eto, Edward I a gododd y castell cerrig, ond mae'r llall ddau can mlynedd yn hŷn. Fe'i codwyd tua 1073 gan y Norman Robert o Ruddlan, ar safle llys Cymreig oedd yma'n gynharach.

Daeth Edward yma yn Awst 1277, adeg ei ymgyrch cyntaf yn erbyn Llywelyn ap Gruffudd. Ym mis Tachwedd bu'n rhaid i Llywelyn ildio iddo a derbyn amodau Cytundeb Aberconwy, ac mae'n debyg i'r ddau gyfarfod yma yn Rhuddlan yr adeg honno. Erbyn hynny roedd Edward wedi dechrau codi'r castell newydd ac yn hynod falch o'r cyfle i ddangos hynny i Lywelyn, mae'n siŵr.

Cychwynnwyd ar y gwaith ym Medi 1277 dan oruchwyliaeth y Meistr Bertram, un arall a ddaeth o'r cyfandir i weithio i Edward – o Gasgwyn yn ei achos ef – ond wedi chwe mis aeth yr awenau i'r Meistr James o St George. Fel yn achos cestyll eraill Edward ar arfordir y gogledd, ceisiwyd sicrhau bod modd cyflenwi Castell Rhuddlan o'r môr, a gwnaethpwyd hynny drwy sythu a dyfnhau dwy filltir o'r afon rhwng Rhuddlan a'r môr ac adeiladu hafan fechan islaw'r castell. Erbyn 1282 roedd y gwaith, gan gynnwys sythu'r afon, wedi ei orffen.

Yng ngwanwyn y flwyddyn honno ymosodwyd ar y castell gan y Cymry ar ddechrau ail gyfnod y rhyfel, ond methwyd ei gipio. Er hynny, mae'n rhaid eu bod wedi achosi cryn ddifrod, gan y bu'n rhaid atgyweirio'r castell ym 1285, gwaith a ohiriwyd, mae'n debyg, wedi marwolaeth Llywelyn yn Rhagfyr 1282.

Sefydlodd Edward fwrdeistref wrth y castell ar gyfer ymfudwyr Seisnig, ac ym 1281 ceisiodd berswadio'r Pab i symud esgobaeth Llanelwy i Ruddlan, ond heb lwyddiant. Er gwaethaf y traddodiad lleol mai yn Rhuddlan yn hytrach na Chaernarfon y cyflwynodd y brenin ei dywysog bychan i'r Cymry, prin yw'r dystiolaeth am hynny. Gellir bod yn fwy sicr, fodd bynnag, fod Edward wedi cyflwyno Statud Rhuddlan yma ym Mawrth 1284, statud a greodd siroedd Aberteifi, Caerfyrddin, Caernarfon, Fflint, Meirionnydd a Môn.

Safodd Rhuddlan yn ystod gwrthryfel Madog ap Llywelyn ym 1294, gan y gellid ei gyflenwi o'r môr, ac ym 1400 cipiodd Owain Glyndŵr y dref ond methodd yntau oresgyn y castell. Garsiynwyd Rhuddlan ar ran y goron yn y Rhyfel Cartref nes iddo gael ei orfodi i ildio i'r Senedd ym 1646. Yna ym 1648, wedi gorchymyn i'w ddymchwel, gwnaed cryn ddifrod iddo a dirywiodd yn gyflym dros y blynyddoedd canlynol.

Rhuddlan Castle

Rhuddlan has two castles: the one of stone we see in the picture and a motte and bailey castle a few yards further up the river Clwyd. Since that was built of timber, nothing but the mound on which it stood remains today. The stone castle is yet another of Edward I's castles but the other is two hundred years older. It was built about 1073 by the Norman Robert of Rhuddlan, on the site of an earlier Welsh hall.

Edward came to Rhuddlan in August 1277 during his first campaign against Llywelyn ap Gruffudd. Llywelyn had to submit to him and accept the terms of the Treaty of Aberconwy in November and it is likely that the two men met here at Rhuddlan at that time. By then Edward had already begun to build his new castle and was probably very pleased that Llywelyn should see this.

Work began in September 1277 under the direction of Master Bertram, another who had come from the continent to work for Edward: in his case from Gascony. Within six months, however, Master James of St George had taken over. As with Edward's other coastal castles in the north, attention was given to ensuring that Rhuddlan Castle could be supplied from the sea. For this purpose, it was decided to straighten and deepen two miles of the river between Rhuddlan and the sea and to build a small dock below the castle. The whole project was completed by 1282, including canalising the river.

In the spring of that year the castle was attacked by the Welsh early in the second phase of the war against Edward, but it held. Nevertheless it must have been severely damaged, as repairs were undertaken in 1285. These repairs had probably been deferred following Llywelyn's death in December 1282.

Edward established a borough for English settlers beside the castle, and in 1281 he tried unsuccessfully to persuade the Pope to transfer the see of St Asaph to Rhuddlan. There is little evidence to support the local claim that it was at Rhuddlan rather than at Caernarfon that the king presented his young prince to the people of Wales. One can be more positive, however, that Edward did introduce the Statute of Rhuddlan here, which created the counties of Caernarfon, Cardigan, Carmarthen, Flint, Merioneth and Anglesey, in March 1284.

Rhuddlan withstood the uprising led by Madog ap Llywelyn in 1294, because it could be supplied from the sea, and in 1400 Owain Glyndŵr took the town, but failed to capture the castle. During the Civil War Rhuddlan was garrisoned on behalf of the crown until forced to surrender to Parliamentary troops in 1646. Two years later it was ordered to be demolished; considerable damage was done and over the following years it rapidly fell into ruin.

23. Castell Talacharn *Laugharne Castle*

Castell Talacharn

Maint y llun wedi ei wnïo ar ddefnydd 14 edau i'r fodfedd, gan gynnwys y border:

8.4" x 6.4" neu 21.2cm. x 16.1cm.

Nifer y pwythau: 117 x 89.

I wnïo'r llun ar Aida 14 edau i'r fodfedd neu ar ddefnydd gwead gwastad 28 edau i'r fodfedd, bydd angen darn o ddefnydd yn mesur:

14" x 12" neu 35.5cm. x 30.5cm.

Arweiniad i'r gwnïo

Defnyddiwch 2 edefyn i wnïo pob croesbwyth, ac eithrio wrth wnïo'r awyr a'r nant.

Defnyddiwch 1 edefyn lliw 3325 i wnïo'r awyr.

Defnyddiwch 1 edefyn yr un o liwiau 931 a 932 i wnïo'r nant (ac eithrio'r cysgodion gwyrdd a llwyd o dan y bont, *y dylid eu gwnïo â 2 edefyn yn y modd arferol*).

Gwnïwch ganghennau'r goeden gan ddefnyddio 2 edefyn lliw 839 a hirbwythau.

Gwnïwch ddail y goeden ar ôl gwnïo'r canghennau, er mwyn i'r canghennau ymdoddi i'r dail.

Laugharne Castle

Size of the picture sewn on 14 count fabric and including the border:

8.4" x 6.4" or 21.2cm. x 16.1cm.

Stitch count: 117 x 89

To sew the picture on 14 count Aida or 28 count evenweave, you will need a piece of fabric measuring:

14" x 12" or 35.5cm. x 30.5cm.

Sewing guide

Use 2 strands of thread to sew each cross stitch, except when sewing the sky and the stream.

To sew the sky use 1 strand of the colour 3325.

To sew the stream (except for the green and grey shadows beneath the bridge, which should be sewn using 2 strands as normal), *use 1 strand of each of the colours 931 and 932.*

Sew the branches of the tree using 2 strands of the colour 839 and long stitches.

Sew the leaves of the tree after sewing the branches, so that the branches merge into the leaves.

Castell Talacharn

Yr hyn sy'n denu pobl i Dalacharn yn gyffredinol heddiw yw ei gysylltiad â Dylan Thomas, ond ar ddiwedd yr unfed ganrif ar ddeg, ei safle ar lan afon Taf, ychydig cyn iddi ymuno ag afonydd Tywi a Gwendraeth, a ddaeth â'r Normaniaid yma. Erbyn tua 1090 roeddynt yn gwthio'n ddi-baid i'r de-orllewin, gan gipio tiroedd a chodi cestyll ar frys, ac yma, ar graig isel sy'n ymestyn tua'r morfa, codwyd castell syml gan ŵr o'r enw Robert Courtemain, mae'n debyg.

Daeth newid yn y ddeuddegfed ganrif pan fu adfywiad yn Neheubarth o dan yr Arglwydd Rhys. Erbyn hynny roedd Harri II yn frenin yn Lloegr a manteisiodd Rhys ar ei amrywiol drafferthion – yn Iwerddon, gyda'i feibion, ac yn enwedig gyda Thomas Becket – gan gymryd tir yn ôl oddi ar y Normaniaid. Ym 1170 a 1171 cyfarfu â'r brenin ym Mhenfro ac yma yn Nhalacharn a gwnaed cytundeb rhwng y ddau. Bu farw Harri ym 1189 a diystyriwyd y cytundeb yn llwyr gan Richard I, ac felly dychwelodd Rhys i'r gad, gan gipio Castell Talacharn a chestyll eraill. Fe'i collwyd eto, ond ym 1215 daeth Llywelyn Fawr yma, a dychwelodd Talacharn i ddwylo Cymry.

Cymerodd William Marshal yr ieuengaf, Iarll Penfro, Dalacharn yn ôl oddi ar y Cymry, ac erbyn tua 1245 roedd y castell ym meddiant y teulu de Brian, a fu yma wedyn hyd ddiwedd y bedwaredd ganrif ar ddeg. Ailgodwyd y castell tua 1250, gan ei helaethu a'i gryfhau, ond nid oedd yn ddigon cryf i wrthsefyll ymosodiad dilynwyr Llywelyn ap Gruffudd ym 1257, pan losgwyd y castell a'r dref. Cymerwyd Guy de Brian yn garcharor, a thalodd ei denantiaid bridwerth i'w ryddhau. Ailgododd mab Guy y castell unwaith eto, a pharhaodd y teulu i'w wella dros y blynyddoedd. Erbyn 1390, pan fu farw Guy de Brian VII, roedd yn adeilad cadarn a gweddol gysurus.

Daeth llinach wrywaidd teulu de Brian i ben yn fuan wedyn, ac wedi cryn drin a thrafod, aeth Talacharn i feddiant teulu Iarll Northumberland ym 1488. Esgeuluswyd y castell yn y cyfamser ac ni chafodd lawer o sylw gan ei berchenogion newydd chwaith. O ganlyniad, pan drefnodd Elisabeth I i'r teulu osod Talacharn ar brydles i Syr John Perrot ym 1575, roedd wedi dirywio'n arw. Gwariodd Syr John, a oedd eisoes yn ail-lunio Castell Caeriw, arian mawr yma gan drawsnewid Castell Talacharn yn dŷ Tuduraidd moethus. Serch hynny, fe'i garsiynwyd ar ran y brenin yn gynnar yn y Rhyfel Cartref. Ym mis Hydref 1644 bu dan warchae am wythnos, ac wedi ymosodiad ffyrnig liw nos fe'i cipiwyd gan filwyr y Senedd. Ychydig yn ddiweddarach chwalwyd rhannau ohono.

Ers y ddeunawfed ganrif, pan aeth Castell Talacharn i feddiant y teulu Starke, canolbwyntiwyd ar greu gerddi yma, ac yn nhridegau a phedwardegau'r ganrif ddiwethaf rhoddodd loches a hwyrach ysbrydoliaeth i awduron fel Richard Hughes a Dylan Thomas.

Laugharne Castle

What generally brings people to Laugharne today is its connection with Dylan Thomas. At the end of the eleventh century, however, it was its position on the river Taf, close to where it meets the rivers Tywi and Gwendraeth, that brought the Normans here. By about 1090 they were relentlessly thrusting into the south-west, seizing land and hastily building castles and here, on a low rock that extends towards the marshes, a simple castle was built, probably by a man called Robert Courtemain.

Things changed during the twelfth century when there was a revival in Deheubarth under the Lord Rhys. Henry II was king of England and Rhys took advantage of Henry's various difficulties – in Ireland, with his sons, and especially with Thomas Becket – taking land back from the Normans. In 1170 and 1171 he met the king at Pembroke and also here at Laugharne and they came to an agreement. Henry died in 1189 and Richard I completely disregarded the agreement, so Rhys returned to the fray, taking Laugharne Castle and others. It was lost again, but in 1215 Llywelyn the Great came here and Laugharne returned to Welsh hands.

William Marshal the younger, Earl of Pembroke, took Laugharne back from the Welsh and by about 1245 it was held by the de Brian family, who were here until the end of the fourteenth century. The castle was rebuilt, enlarged and strengthened around 1250, but was still not strong enough to withstand an attack by followers of Llywelyn ap Gruffudd in 1257, who burned down both the castle and the town. Guy de Brian was captured and his tenants paid a ransom for his release. His son rebuilt the castle yet again and the family continued to improve it over the years, so that in 1390, when Guy de Brian VII died, it was a strong and relatively comfortable building.

The de Brian male line came to an end soon afterwards and, after much argument, Laugharne went to the family of the Earl of Northumberland in 1488. Meanwhile the castle was neglected and as its new owners paid it little attention, it was in poor condition when Elizabeth I arranged for them to lease Laugharne to Sir John Perrot in 1575. Sir John, who was already altering Carew Castle, spent a great deal of money transforming Laugharne Castle into a luxurious Tudor mansion. However, it was garrisoned on behalf of the king early in the Civil War. In October 1644 it withstood a week-long siege, but after a furious night time assault, the castle was seized by Parliamentary troops and shortly afterwards parts of it were demolished.

Since the eighteenth century, when Laugharne Castle passed to the Starke family, much attention has been given to creating gardens here, and during the thirties and forties of the last century it provided a retreat and possibly even a source of inspiration to the writers Richard Hughes and Dylan Thomas.

24. Castell y Fflint *Flint Castle*

Castell y Fflint

Maint y llun wedi ei wnïo ar ddefnydd 14 edau i'r fodfedd, gan gynnwys y border:

6.3" x 4.2" neu 16cm. x 10.7cm.

Nifer y pwythau: 88 x 59

I wnïo'r llun ar Aida 14 edau i'r fodfedd neu ar ddefnydd gwead gwastad 28 edau i'r fodfedd, bydd angen darn o ddefnydd yn mesur:

12" x 10" neu 30.5cm. x 25.5cm.

Arweiniad i'r gwnïo

Defnyddiwch 2 edefyn i wnïo pob croesbwyth, ac eithrio wrth wnïo'r awyr, yr afon a'r tir welir yn y cefndir.

Defnyddiwch 1 edefyn lliw 3325 i wnïo'r awyr.

Defnyddiwch 1 edefyn lliw 927 i wnïo'r afon.

Defnyddiwch 1 edefyn lliw 3042 i wnïo'r tir a welir yn y cefndir.

Flint Castle

Size of the picture sewn on 14 count fabric and including the border:

6.3" x 4.2" or 16cm. x 10.7cm.

Stitch count: 88 x 59

To sew the picture on 14 count Aida or 28 count evenweave, you will need a piece of fabric measuring:

12" x 10" or 30.5cm. x 25.5cm.

Sewing guide

Use 2 strands of thread to sew each cross stitch, except when sewing the sky, the river and the land in the distance.

To sew the sky use 1 strand of the colour 3325.

To sew the river use 1 strand of the colour 927.

To sew the land in the distance use 1 strand of the colour 3042.

Castell y Fflint

Er ei fod yn aelod llawn o deulu cestyll Edward I, mae'n debyg yr ystyrir Castell y Fflint yn aderyn brith y teulu gan ei frodyr mawreddog ymhellach ar hyd arfordir y gogledd. Hwyrach nad yw'n cyrraedd eu safonau uchel hwy: goroesodd llai ohono, mae ar safle go anial, a dyry'r argraff ei fod bellach wedi ymwahanu oddi wrth y dref a dyfodd yn ei sgil. Eto dyma gastell sydd yn llawn arwyddocâd: adeiladu hwn a agorodd bennod olaf annibyniaeth Cymru, gan mai hwn oedd castell newydd cyntaf Edward yn y wlad.

Roedd Edward nid yn unig yn frenin Lloegr ond hefyd yn Iarll Caer, ac oddi yno y lansiodd ei ymgyrch yn erbyn Cymru ym Mehefin 1277 gan ddewis y Fflint, rhyw hanner ffordd rhwng Caer a'r hen gastell yn Rhuddlan, ar gyfer ei gadarnle cyntaf yn y wlad. Dyma un o'r mannau prin hynny ar dir corsiog glan afon Dyfrdwy a chanddo graig gadarn isel, lle gellid derbyn cyflenwadau dros y môr.

Ym mis Gorffennaf dechreuwyd gosod sylfeini'r castell a'r dref oedd i godi wrth ei ochr. Erbyn Awst roedd cerrig yn cyrraedd dros y Ddyfrdwy o chwareli Ness a Shotwick yng Nghilgwri, a'r flwyddyn ganlynol daeth y Meistr James o St George yma i gyfarwyddo'r adeiladu. Gorfodwyd Llywelyn ap Gruffudd i ildio yn Nhachwedd 1277, a derbyn Cytundeb Aberconwy, a gyfyngodd ei awdurdod i Wynedd Uwch Conwy, ond parhaodd y gwaith adeiladu ar Gastell y Fflint. Yna, pan ailgychwynnodd y rhyfel ym 1282, llosgodd y Cymry dref y Fflint, gan atal y gwaith ar y castell. Daeth y rhyfel i ben ychydig fisoedd wedi marwolaeth Llywelyn, ac erbyn 1284, pan sefydlwyd sir y Fflint gan Statud Rhuddlan, roedd y castell wedi ei gwblhau i bob pwrpas, a datblygodd yn ganolfan weinyddol y sir newydd.

Ddeng mlynedd yn ddiweddarach ymosodwyd ar y Fflint yn ystod gwrthryfel Madog ap Llywelyn. Safodd y castell ond llosgwyd y dref ar orchymyn y cwnstabl, i'w hatal rhag syrthio i ddwylo'r Cymry. Daeth Richard II i'r Fflint ym mis Awst 1399 ac fe'i cymerwyd yn garcharor yma gan Harri Bolingbroke, sef Harri IV yn ddiweddarach. Aethpwyd â'r brenin i Lundain lle bu'n rhaid iddo ildio'r goron i Harri.

Daliodd Roger Mostyn y Fflint ar ran y goron ar ddechrau'r Rhyfel Cartref pan oedd ond yn un ar hugain oed. Cipiodd y naill ochr a'r llall y castell sawl gwaith, nes iddo syrthio i ddwylo'r Senedd yn derfynol ym 1646. Ciliodd y milwyr oddi yma ym 1647, ond nid cyn chwalu'r castell bron yn gyfan gwbl. Golwg go ddigalon sydd ar Gastell y Fflint heddiw, fel pe bai'n cydnabod canlyniadau ei gyfraniad i gychwyn cyfnod mor dyngedfennol yn hanes Cymru.

Flint Castle

Although a full member of Edward I's family of castles, Flint Castle is probably regarded by its haughty brothers along the north coast as the black sheep of that family. Perhaps it does not come up to their high standards: less of it has survived, it stands on rather a bleak spot and it gives the impression that it now distances itself from the town that grew in its shadow. Yet this is a most significant castle: establishing it opened the final chapter of Welsh independence, for this was Edward's first new castle in the country.

Edward was not only king of England but also Earl of Chester and it was from there that he launched his attack on Wales in June 1277, choosing Flint, roughly mid way between Chester and the old castle at Rhuddlan, for his first stronghold. Here was one of the few places on the marshy bank of the Dee with a low solid rock, where supplies could be brought by sea.

The foundations of the castle and the town that was to rise beside it began to be laid in July. By August, stone was being brought across the Dee from quarries at Ness and Shotwick on the Wirral, and the following year Master James of St George arrived to supervise the building work. Llywelyn was forced to capitulate in November 1277 and to accept the Treaty of Aberconwy, which confined his authority to those parts of Gwynedd beyond the river Conwy, but the building of Flint Castle continued. When the war broke out again in 1282, the Welsh burnt down the town of Flint and disrupted work on the castle. However, the war ended a few months after the death of Llywelyn and by 1284, when the County of Flint was created by the Statute of Rhuddlan, the castle was virtually complete and became the administrative centre of the new county.

Ten years later Flint was attacked during the uprising led by Madog ap Llywelyn. The castle held but the constable ordered the firing of the town to prevent it falling into Welsh hands. Richard II came to Flint in August 1399 and was taken prisoner here by Henry Bolingbroke, later Henry IV. The king was taken to London where he was forced to abdicate in favour of Henry.

On the outbreak of the Civil War, Flint was held for the crown by Roger Mostyn, who was only twenty-one years old at the time. Both sides captured the castle several times before it finally fell to Parliament in 1646. The military left in 1647 but first demolished the castle quite comprehensively. Flint Castle now has a sad air about it, as though it acknowledges the consequences of its contribution to the start of such a fateful period in Welsh history.

Pennod 4: Borderi a Gwyddorau

Rwyf wedi paratoi nifer o wahanol forderi i fynd o gwmpas lluniau'r cestyll yn y llyfr hwn, oherwydd gall border wneud cyfanwaith o lun a rhoi eglurdeb a chydbwysedd iddo. Mae border hefyd yn gallu bachu'r llygaid a bron â gorfodi rhywun i ganolbwyntio ar y llun, yn yr un modd ag y mae ffrâm neu fownt nid yn unig yn cwmpasu llun o'i fewn, ond hefyd yn denu sylw ato.

Os dilynwch y patrwm yn ffyddlon wrth wnïo un o'r lluniau, byddwch yn gallu rhag–weld sut y bydd yn edrych wedi i chi ei orffen. Ar y llaw arall, fe allech roi penrhyddid i'ch dychymyg a defnyddio'r patrwm fel man cychwyn, gan wnïo yn ôl eich mympwy a newid manylion yma ac acw. Mae modd dewis eich lliwiau eich hun i fynegi eich argraff chi o'r castell.

Yn dilyn hynny, hwyrach y bydd gennych eich barn eich hun ynghylch y modd y dylid cyflwyno'r llun: ei osod yn syml mewn ffrâm, neu ar fownt mewn ffrâm, neu wnïo border o'i amgylch cyn ei fframio. Os dymunwch gael border, cynigir amryw o batrymau yma fel enghreifftiau y gallwch ddewis ohonynt os mynnwch. Ond hwyrach y bydd yn well gennych un gwahanol. Dyma gyfle arall i wneud y llun yn unigryw: eich argraff chi o'r castell, ynghyd â'ch dewis chi o forder, gan ddefnyddio'ch detholiad chi o liwiau.

Nid wyf wedi cynnwys borderi blodeuog, gan nad wyf yn teimlo bod blodau'n cyfleu'r cadernid, y grym a'r balchder a gysylltir mor aml â chestyll. Ceisiais gyflwyno borderi sydd yn cyfleu'r nodweddion hyn: mae awgrym o gyfylchiadau yn rhai, ac mae eraill yn batrymau a ddefnyddid yn gyffredin ym mhensaernïaeth a brodwaith yr unfed ganrif ar ddeg a'r ddeuddegfed ganrif, sef yr adeg yr adeiladwyd llawer o'r cestyll hyn a phryd roedd rhai yn byw ynddynt ac yn ymladd drostynt. Gan mai cestyll Cymreig sydd yma, rwyf wedi cynnwys hefyd batrymau borderi a themâu Celtaidd iddynt.

Os byddwch yn defnyddio eich border eich hun, edrychwch yn fanwl ar pa mor aml mae'n ei ailadrodd ei hun, er mwyn sicrhau y bydd yn ffitio o gwmpas y llun. Copïwch batrwm y border ar ddarn o bapur graff, gan ddechrau yng nghanol un ai'r pen neu'r gwaelod a gweithio i'r chwith ac i'r dde i sicrhau bod yna gydbwysedd o gwmpas y llun. Ychwanegais gonglau i batrymau'r borderi gan fod rhai'n cael trafferth â chonglau. Mae gan rai borderi fanylion yn y conglau'n unig a gellir addasu'r rhain ar gyfer llun o unrhyw faint. Peidiwch â defnyddio border â phatrwm mawr o gwmpas llun bychan. Ni fydd yn gweddu i'r llun, a bydd yn tynnu sylw oddi wrtho.

Wedi dewis y border, rhaid dewis ei liwiau. Ystyriwch y lliwiau sydd yn y llun yn gyntaf i weld a ellir defnyddio un ohonynt ar gyfer y border. Mae fel arfer yn ddoethach peidio dewis un o'r prif liwiau gan y gall fod yn ormesol, ond o ddewis un o liwiau'r llun, gellir ei gyfuno â'r border. Os am ddefnyddio dau liw yn y border, yna ystyriwch ddefnyddio un ai arlliw golau ac arlliw tywyll o'r un lliw, neu ddau sydd yn debyg i'w gilydd. Mae dau liw cyferbyniol yn gallu bod yn hynod o effeithiol hefyd, ond sicrhewch eu bod yn cyd-fynd ac nid yn gwrthdaro. Edrychwch ar eich gardd a sylwch sut mae rhai lliwiau'n gweddu â'i gilydd ac eraill yn cyferbynnu.

Os ydych yn bwriadu ychwanegu'ch enw, enw'r castell, y dyddiad ac yn y blaen, i'r llun, byddwn yn awgrymu eich bod yn copïo'r llythrennau a ddewiswyd gennych ar ddarn o bapur graff, er mwyn gweld faint o le sydd ei angen. Gadewch un sgwâr rhwng pob llythyren a thri sgwâr rhwng pob gair. Mae'n haws dechrau gwnïo wrth y gongl isaf ar y chwith wrth gwrs, ond er mwyn cydbwysedd, byddai'n well gosod yr enw yn y canol.

Chapter 4: Borders and Alphabets

I have arranged a number of different borders around the castles in this book because a border can complement a picture, giving it a certain sharpness and symmetry. A border can also draw the observer's eyes inwards, almost compelling concentration on the picture in much the same way as a frame or a mount not only contains a picture within bounds, but also attracts attention to it.

If, when sewing one of the pictures, you follow the chart in all respects, you will of course be able to anticipate what the finished picture will look like. On the other hand, you could let your imagination run free, using the chart as a base, sewing according to your own inclination, making changes here and there and substituting colours of your own choice perhaps, thus allowing the picture to express your own impression of the castle.

Following from that, you may have your own view about how to finally present the picture: mounting it simply within a picture frame for example, setting it in a mount within a frame or sewing a border around it before framing. If you decide to sew a border, there are several border patterns here you might use as examples. Perhaps you will prefer a different one: another opportunity to make the picture your unique impression of the castle, with your own choice of border around it, sewn in your selection of colours.

I have not included any floral borders as I feel that floral designs do not convey the solidity, power and pride that one tends to associate with castles. I have tried to offer designs that hopefully do convey these features: some have hints of crenellations, others are adapted designs that were popularly used both in architecture and embroidery during the 11th and 12th centuries, when many of these castles were built, lived in and fought over. Since the castles in this book are Welsh castles, I have also included some border designs that have a Celtic theme.

If you decide to use a border pattern of your own, carefully check the repetition in the pattern, in order to make sure that it will fit around your picture. Copy it on to graph paper, starting from the top centre and working to both left and right, ensuring that it is evenly balanced around the picture. I have added corners to the border patterns, as many have difficulty with corners. Some borders have details only in the corners and these can be adapted to fit a picture of any size. Do be careful not to use a large or dominant border pattern around a small picture. This could appear incongruous and detract from your picture.

Once you have decided on your border, you need to choose your colours. Look closely at the colours used in the picture itself to see if it might be possible to take one of them for the border. In this case it might be wise not to choose one of the predominant colours as it might then become rather overbearing. By using one of the colours in the picture, however, you could bring picture and border together as one. If you intend to use two colours in the border, then consider using either lighter and darker shades of the same colour or two similar shades. Two contrasting colours can also be most effective, but take care that they blend and do not clash. Cast an eye around your garden and notice how some colours blend and others contrast.

If you intend to add your name, the name of the castle, the date and so on to the finished picture, I would advise you, having chosen the lettering, to first copy these also on to graph paper, in order to check the length of space that will be required. Leave one square between each letter and three squares between each word. It is simpler to start at the bottom left hand corner of course, but for the sake of balance, it might be better to have the name in the centre.

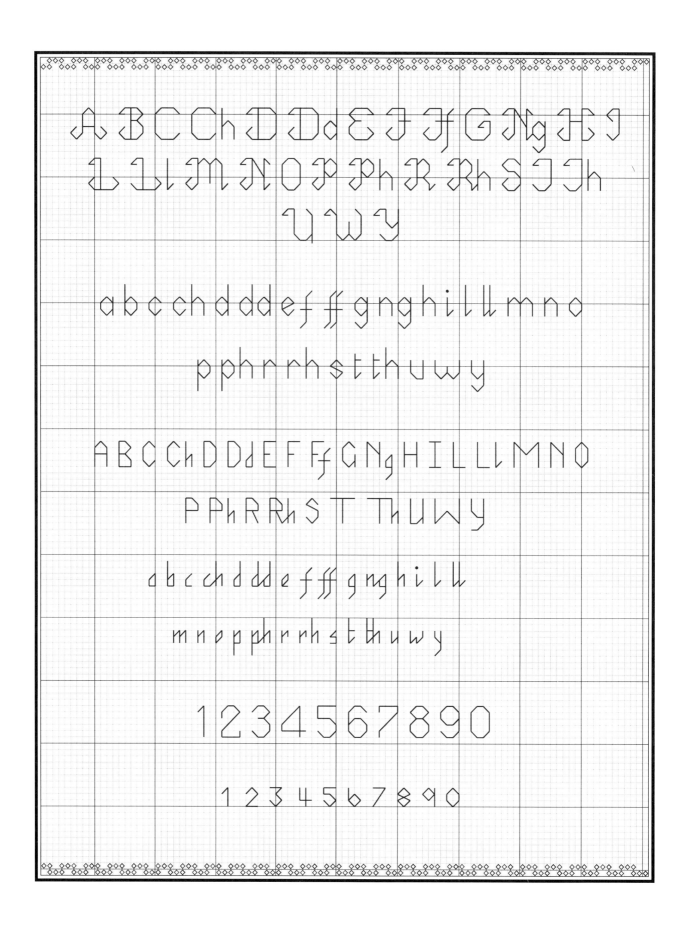

70

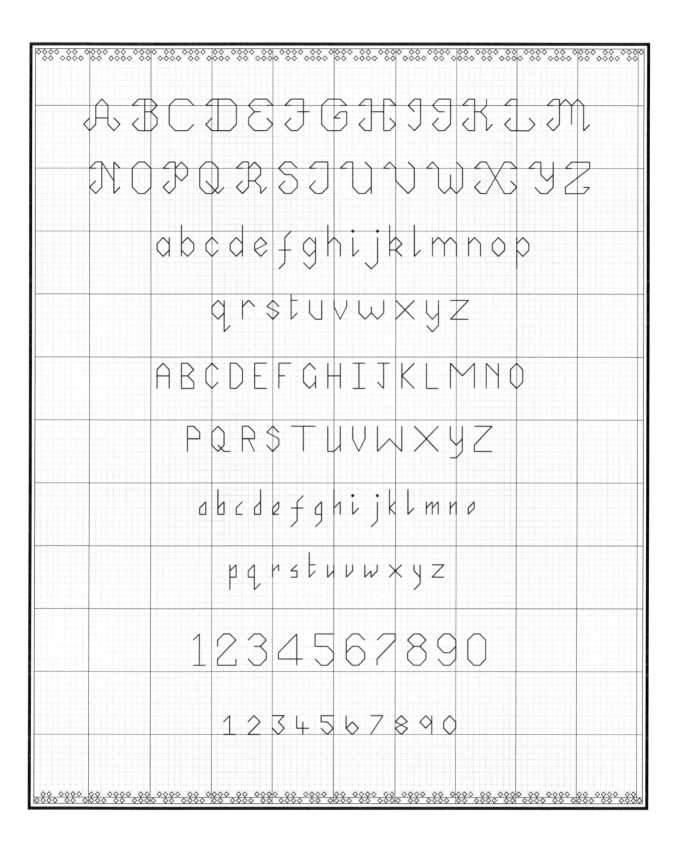

ABCDEFGHIJKLM
NOPQRSTUVWXYZ
abcdefghijklmnop
qrstuvwxyz
ABCDEFGHIJKLMNO
PQRSTUVWXYZ
abcdefghijklmno
pqrstuvwxyz
1234567890
1234567890

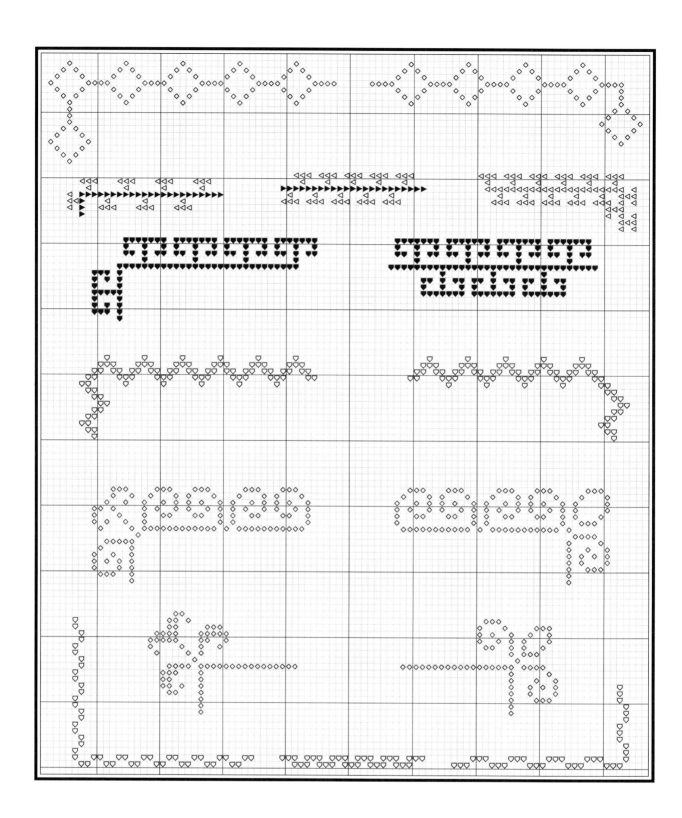

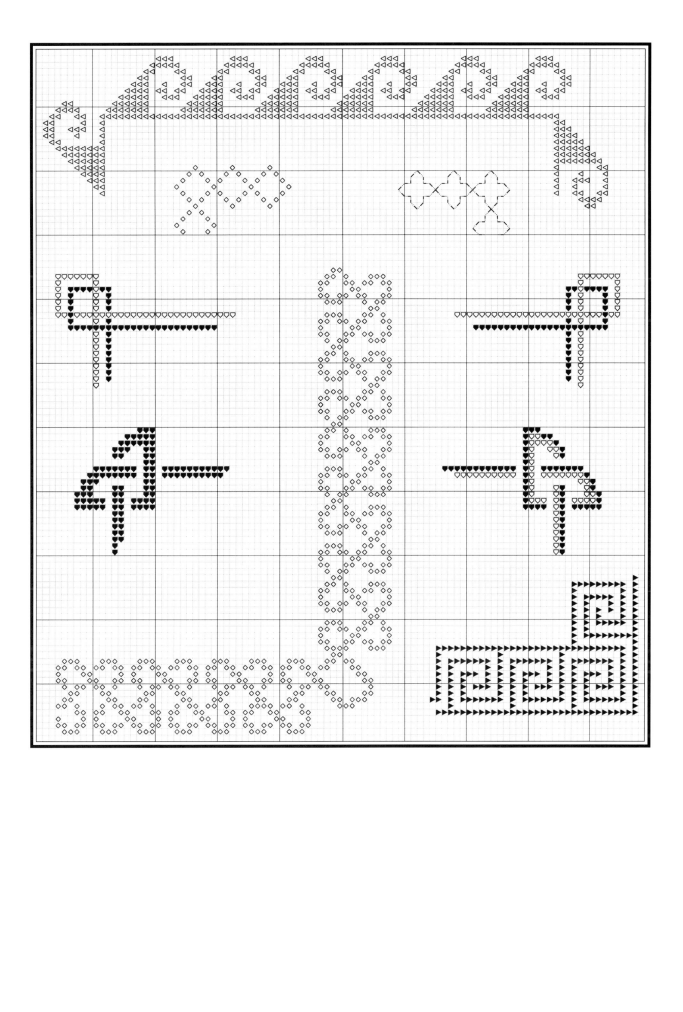

Pennod 5: Cwblhau'r Gwaith

A r ôl gorffen gwnïo'r llun, mae'n werth cymryd peth amser i'w dacluso; wedi'r cwbl, byddwch wedi rhoi oriau lawer iddo, ac am iddo edrych ei orau. Archwiliwch eich gwaith, gan ei gymharu'n ofalus â'r patrwm a'r llun argraffedig i sicrhau bod pob croesbwyth wedi ei groesi ac nad ydych wedi gadael rhai pwythau allan. Torrwch yr edafedd rhydd ar gefn y defnydd, gan ofalu peidio â thorri pwythau a niweidio'r defnydd.

Erbyn hyn ni fydd y defnydd mor ffres a glân ag yr oedd pan ddechreuoch chi weithio arno. Fe allwch ei olchi er mwyn adfer ei ffresni, oherwydd ni fydd defnyddiau ac edau fel arfer yn colli eu lliw heddiw. Peidiwch â'i roi mewn peiriant golchi, fodd bynnag, ond yn hytrach, golchwch ef yn ofalus â llaw. Peidiwch â defnyddio powdwr golchi na meddalydd chwaith ond, yn hytrach, toddwch ychydig o blu sebon da mewn dŵr claear a throchwch y defnydd ynddo, gan ei siglo'n ôl ac ymlaen yn araf sawl gwaith. Yna rinsiwch ef yn drwyadl nes bod y dŵr yn glir. Yn hytrach na'i wasgu i gael gwared â gweddill y dŵr, rhowliwch y defnydd mewn tywel. Gallwch ei smwddio wedyn pan yw'n dal yn llaith, gan ei osod wyneb i waered ar drwch o ddefnydd (megis cynfas wedi ei phlygu). Smwddiwch ef yn ysgafn nes ei fod yn sych, gan ofalu peidio â gwasgu gormod ar y pwythau.

Fframio

Mae'n haws cael eich llun wedi ei fframio os ewch ag ef wedi ei rowlio'n ofalus at fframiwr proffesiynol, wrth gwrs. Mae'r rhan fwyaf o'r rhain heddiw'n barod i fframio brodwaith, ond byddai'n ddoeth holi ymlaen llaw a yw'r fframiwr wedi gwneud hyn o'r blaen. Ar y llaw arall, os dymunwch fframio'r llun eich hun, dyma awgrym neu ddau i'ch helpu.

Wedi dewis eich ffrâm, torrwch fownt o gardbord di-asid go gryf i ffitio ynddi, gan ddefnyddio cyllell grefftau finiog. Gellir prynu'r math yma o gardbord mewn unrhyw siop grefftau dda. Wrth dorri'r mownt, gadewch ychydig o le o'i amgylch ar gyfer plygu'r defnydd drosto. Gosodwch eich gwaith ar ganol y mownt, gan adael iddo ymestyn dros yr ymylon, a phiniwch ef yn ofalus i ymyl uchaf y mownt i'w ddal yn ei le. Yna, gan ofalu peidio â newid siâp y llun, tynnwch y defnydd i lawr y mownt yn araf a'i binio i waelod y mownt.

Plygwch y defnydd sbâr dros ochrau'r mownt a chlymwch ei ymyl uchaf wrth yr un isaf ar draws cefn y mownt ag edau go gryf, gan ddechrau yn y canol a gweithio i'r chwith ac i'r dde er mwyn cadw'r llun yn wastad. Clymwch y ddwy ymyl arall gyda'i gilydd yn yr un modd nes bod yr edau'n dal y defnydd yn dynn wrth y mownt. Wrth glymu, gwnewch yn siŵr bod y llun yn dal yn y canol ac heb golli ei siâp. Wedi'ch bodloni'ch hun fod y llun yn ei le, meitrwch gonglau'r defnydd, gan eu dal i lawr yn gadarn â mwy o bwythau. Gallwch wedyn dynnu'r pinnau allan a gosod eich llun yn ofalus yn y ffrâm.

Dulliau eraill o arddangos eich lluniau

Mae sawl modd effeithiol arall o arddangos lluniau wedi eu gwnïo, wedi'r cwbl; does ond hyn a hyn o le ar y pared yn y rhan fwyaf o dai!

Gellir eu gwneud yn orchuddion clustogau deniadol ac unigryw. Os mai ar gyfer clustog yr ydych yn gwnïo'r llun, yna sicrhewch cyn dechrau'r gwaith fod y defnydd yn ddigon mawr i orchuddio'r clustog, gan adael tua hanner modfedd o'i amgylch ar gyfer y cydwnïo. Gallwch ddefnyddio cotwm neu raion ar gyfer cefn y clustog ond, gwnewch yn siŵr bod y defnydd wedi ei rag-leihau, gan y gall rhai defnyddiau fynd i mewn wrth eu golchi.

Byddai set o fatiau bwrdd, pob un a chastell gwahanol arno, yn creu cryn ddiddordeb wrth y bwrdd bwyd ar achlysur arbennig. Gellid dewis y cestyll yn ôl rhyw thema, megis cestyll y gogledd a chestyll y de, a byddai gwnïo'r un border o'u hamgylch yn uno'r cwbl. Maint go dda i fat bwrdd yw 16" x 12", ac unwaith yn rhagor, dylech sicrhau cyn dechrau gwnïo pob mat fod eich defnydd yn ddigon mawr.

I gyd-fynd â'r matiau, gallwch wneud

napcynnau, gan dorri sgwariau 16″ o ddefnydd a gwnïo rhan o'r border a ddewiswyd ar gyfer y matiau ar un gongl o bob un. Wedi eu gorffen gallwch wnïo hem daclus o amgylch y matiau a'r napcynnau.

Dull cyffrous arall i arddangos llun gorffenedig yw ei osod ar wyneb hambwrdd a'i orchuddio â darn o wydr wedi'i atgyfnerthu. Mae hambyrddau a gwydr pwrpasol ar werth mewn siopau brodwaith mawr a hefyd mewn siopau crefftau. Rhaid bod yn ofalus i wnïo llun ar gyfer hambwrdd ar ddarn digon mawr o ddefnydd fel y gellir ei osod yn ganolog ar wyneb yr hambwrdd.

Beth bynnag yw eich bwriad a pha ddull bynnag a ddewiswch i arddangos eich lluniau, cymerwch eich amser wrth eu creu. Ystyriwch pa mor hir y bu'r adeiladwyr wrthi'n codi'r cestyll yn y lle cyntaf. Ymlaciwch, gadewch i'r byd fynd heibio a mwynhewch y gwnïo. Bydd eich mwynhad yn amlwg yn eich gwaith.

Chapter 5: Finishing Touches

*W*hen you have sewn the picture, it is worth taking a little time to tidy it up. After all, you will have spent many hours stitching it, and will want it looking its best. Examine your work carefully, comparing it with the chart and the printed picture to make sure that all the cross stitches are crossed and that you haven't omitted any stitches. Trim off the loose thread ends at the back of the fabric, being careful not to cut into any stitching or into the fabric.

By now, the fabric will not be as crisp and clean as it was when you embarked upon the stitching. In order to restore its original crispness, it is possible to wash it, as modern fabrics and threads are generally colour fast. Do not use a washing machine, however, but wash the work gently by hand. Also avoid using detergents and fabric softeners but immerse the fabric in lukewarm water in which you have dissolved a few good soap flakes. Swish it gently in the water and then rinse it well until the water is clear. Do not wring the fabric out but rather roll it in a towel to remove any excess moisture. Iron the work while still damp, placing it face down on a thick wad of material (a folded sheet is ideal). Iron gently until dry, using as little pressure as possible in order to avoid flattening the stitches.

Framing

The easiest way to frame your picture is of course to take it, carefully rolled up, to a professional framer. Most framers nowadays are happy to undertake embroidery framing, but it might be wise to enquire beforehand if that particular framer has handled embroidery before. On the other hand, should you wish to frame the picture yourself, then here are a few guidelines to help you.

Having obtained the frame of your choice, cut an acid-free board to fit inside it, using a craft knife. Acid-free boards can be bought at any good art stockists. When cutting the board, allow a little space all around to accommodate the fabric when it is folded over the sides. Place your stitched work centrally over the board, allowing it to overlap on all sides, and pin it carefully to the top edge of the board. Then gently draw your fabric down the board, being careful not to distort the picture, and pin it to the bottom of the board.

Fold the overlapping fabric over the sides of the board and lace the top and bottom edges together across the back with strong thread, starting at the centre and working outwards in order to retain the evenness of the picture. Repeat the process with the other two edges so that the lacing is holding the fabric firmly on the board. While lacing, ensure that the picture remains in the centre of the board and is not distorted. When you are satisfied that the picture is properly centred and evenly balanced on the board, mitre the corners of the fabric and hold it down firmly with extra stitches. You can then remove the pins and place your picture carefully into the frame.

Display: Other Suggestions

Embroidered pictures can be just as effectively displayed in other ways too. After all, there is only a certain amount of wall space in the average house!

They can be made into attractive, distinct, indeed unique cushion covers. If your picture is for a cushion cover, then before beginning to sew, ensure that your fabric is large enough to cover the intended cushion pad, with at least an extra half-inch seam allowance all around. You could use a cotton or rayon material for the back of the cushion, but do check that the material is pre-shrunk, as some fabrics can shrink when washed.

A set of table mats, each with a different castle on it, would create a great deal of interest at the dining table during a special occasion. The castles might be selected according to a particular theme, such as northern or southern castles, for example. The same border sewn around the castles would unify the set. A reasonable size for a table mat is 16" x 12" and again you should ensure that your fabric is large enough before beginning to sew each one.

To match the table mats, napkins could be made by cutting 16" squares of fabric and sewing a part of the chosen border pattern in one corner of each one. Having finished them, you could then sew a neat hem around both mats and napkins.

Another exciting means of displaying a finished picture is to set it into the surface of a tea tray and covering it with a panel of strengthened glass. Trays and glass made for this purpose can be bought at large needlecraft shops and other craft shops. Care should be taken, however, to ensure that the picture is sewn on quite a large piece of fabric in such a position that it can be placed centrally on the face of the tray.

Whatever your intention and however you choose to display your pictures, take your time when creating them. Consider how long the castles took to build. Relax, let the world go by and enjoy the sewing. Your enjoyment will be evident in your work.

Pennod 6/Chapter 6

Siart Trawsnewid/Conversion Chart

Mae rhifau'r lliwiau a ddefnyddiwyd yn y lluniau i gyd yn y siart trawsnewid hon.

The numbers of all the colours used in the pictures are noted here.

DMC	Anchor	DMC	Anchor
312	979	744	301
317	400	758	9575
318	399	762	234
320	215	775	128
334	977	822	390
347	1025	831	277
351	10	839	360
355	1014	840	379
356	5975	841	378
367	217	842	376
370	855	844	1041
372	853	926	850
407	914	927	848
413	401	930	1035
415	398	931	1034
452	232	932	1033
453	231	950	4146
471*	266*	3024	397
502	876	3032**	903**
522	860	3042	870
561	212	3325	129
562	210	3345	268
640**	903**	3346	267
642	392	3347	266*
644	830	3348	264
645	273	3362	263
647	1040	3363	262
677	886	3364	260
729	890	3740	873
738	361	Écru	387
739	366	Blanc	2

* Awgrymir Anchor 266 fel y lliw agosaf i DMC 471 *a* 3347.
* Anchor 266 is suggested as the nearest colour to *both* DMC 471 *and* 3347.

** Awgrymir Anchor 903 fel y lliw agosaf i DMC 640 *a* 3032.
** Anchor 903 is suggested as the nearest colour to *both* DMC 640 *and* 3032.

Mae'r edau yma, fel y defnydd, ar gael mewn siopau gwnïo a llawer o siopau adrannol ledled y wlad. Os cewch drafferth i gael gafael arnynt, fodd bynnag, dyma gyfeiriadau DMC ac Anchor. Bydd y ddau gwmni'n barod i roi rhestr o'r siopau sydd yn gwerthu eu cynnyrch i chi.

These threads, along with the fabric, are available at needlecraft shops and many department stores throughout the country. If you do have difficulty in obtaining them, however, here are the addresses of DMC and Anchor. Both companies will be willing to provide you with a list of their stockists.

DMC
DMC Creative World Ltd.,
Pullman Road,
Wigston,
Leicestershire,
LE18 2DY.
Ffôn/*Tel.* (0116) 281 1040

Anchor
Coats Crafts U.K.,
P.O. Box 22,
Lingfield Point,
McMullen Road,
Darlington,
County Durham,
DL1 1YQ.
Ffôn/*Tel.* (01325) 394 237

Y Cynlluniau Terfynol a'r Patrymau

The Completed Designs and Patterns

1. Castell Aberystwyth *Castle*

2. Castell Biwmares *Beaumaris Castle*

3. Castell Caerdydd *Cardiff Castle*

4. Castell Caerffili *Caerphilly Castle*

5. Castell Caeriw *Carew Castle*

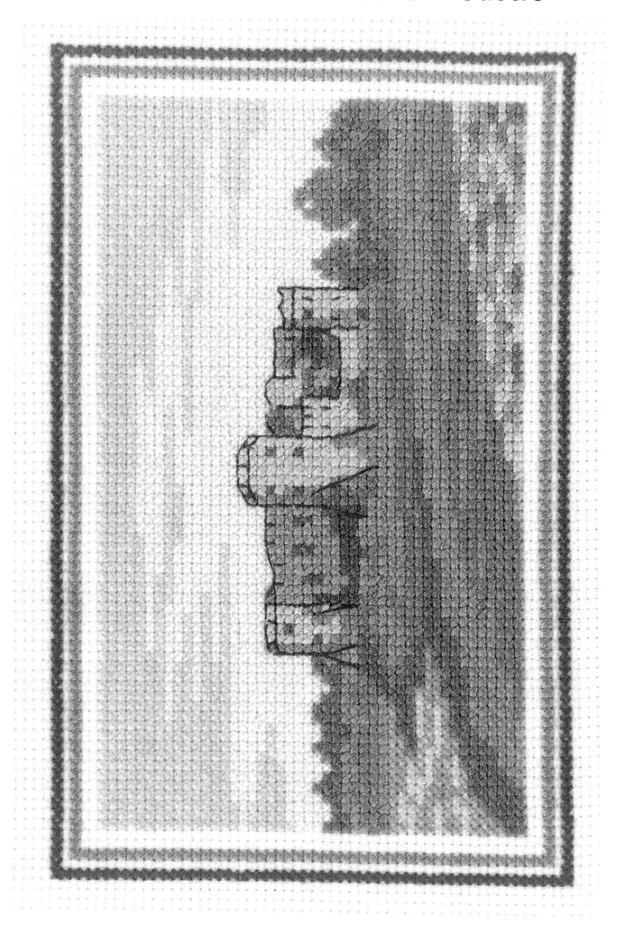

6. Castell Caernarfon *Castle*

7. Castell Cas-gwent   *Chepstow Castle*

8. Castell Cilgerran *Castle*

9. Castell Coch *Castle*

10. Castell Conwy *Castle*

11. Castell Cricieth *Castle*

12. Castell Cydweli   *Kidwelly Castle*

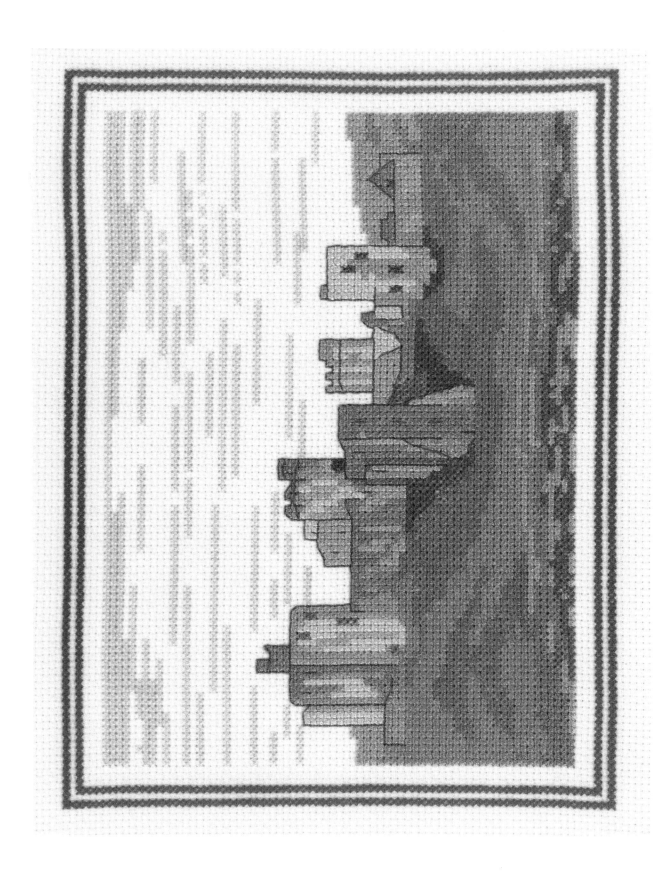

13. Castell Dinbych *Denbigh Castle*

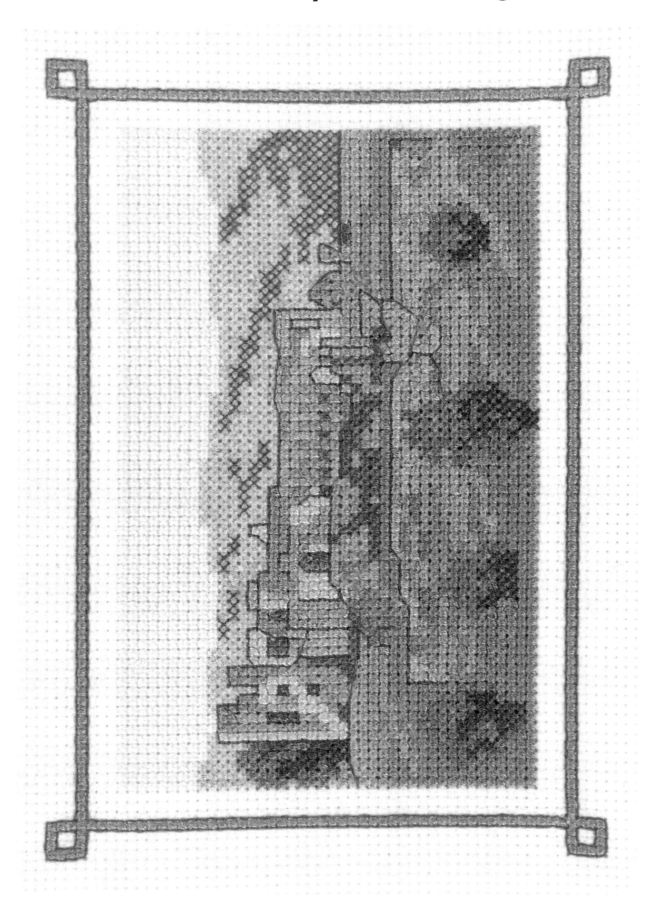

14. Castell Dinefwr *Castle*

15. Castell Dolbadarn *Castle*

16. Castell Dolwyddelan *Castle*

17. Castell Harlech *Castle*

18. Castell Penfro *Pembroke Castle*

19. Castell Penrhyn *Castle*

20. Castell Powis *Castle*

21. Castell Rhaglan *Raglan Castle*

22. Castell Rhuddlan *Castle*

23. Castell Talacharn *Laugharne Castle*

24. Castell y Fflint *Flint Castle*

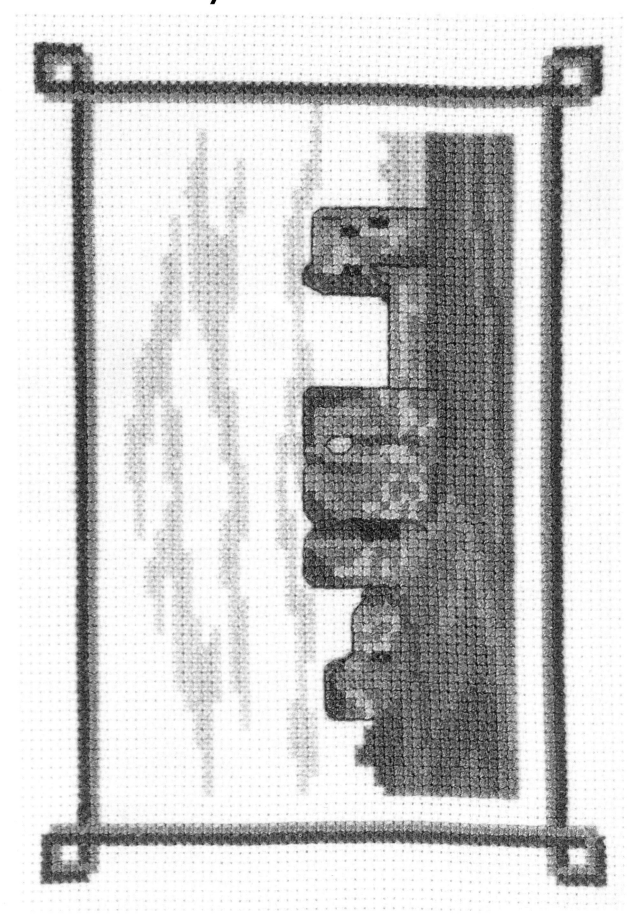

1. Castell Aberystwyth *Castle*

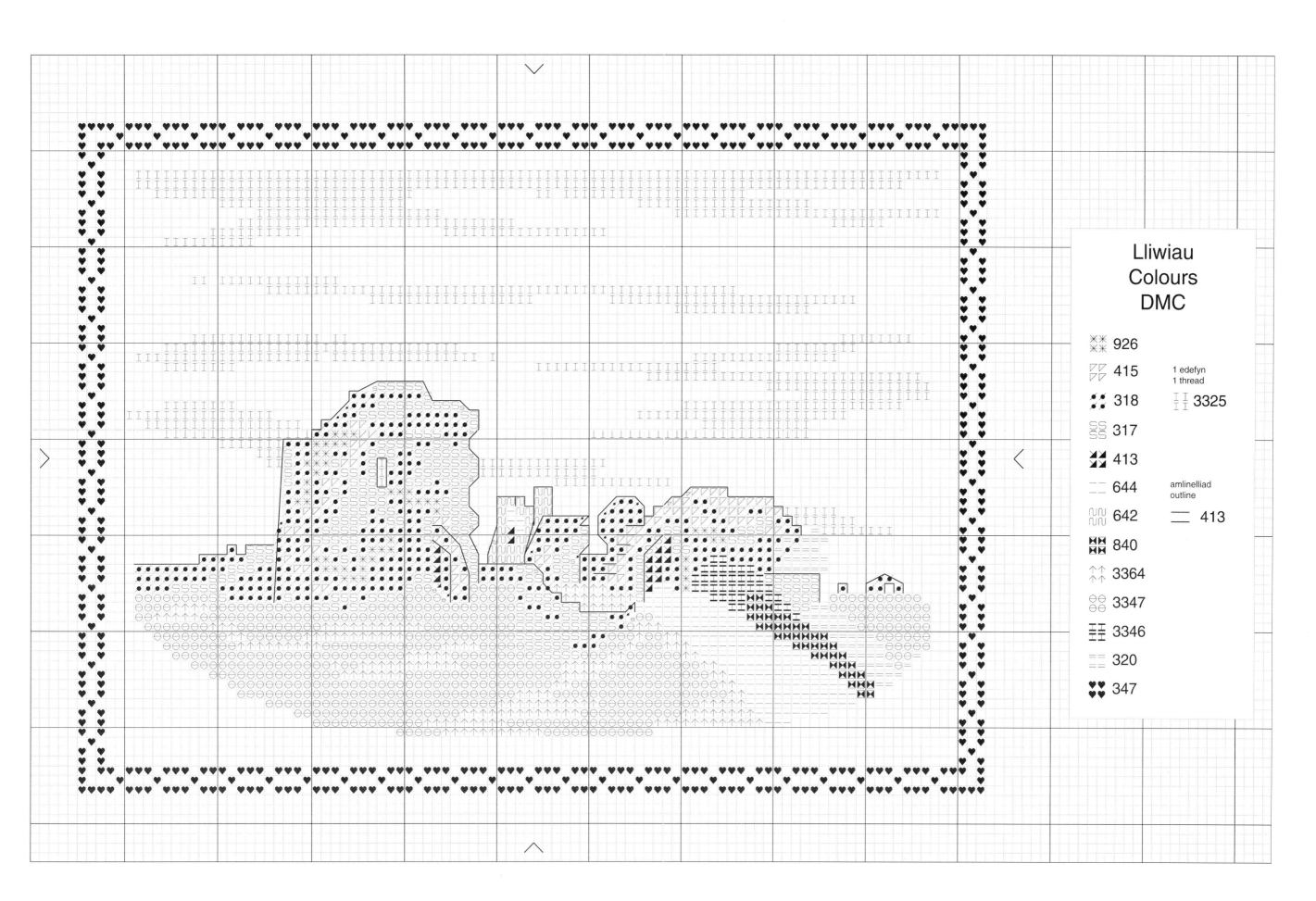

**Lliwiau
Colours
DMC**

	DMC	
✳✳	926	
▱▱	415	1 edefyn 1 thread
⦂⦂	318	I I / I I 3325
⦿⦿	317	
◪◪	413	
– –	644	amlinelliad outline
ﻌﻌ	642	── 413
▩▩	840	
↑↑	3364	
⊖⊖	3347	
⚏⚏	3346	
══	320	
♥♥	347	

2. Castell Biwmares   *Beaumaris Castle*

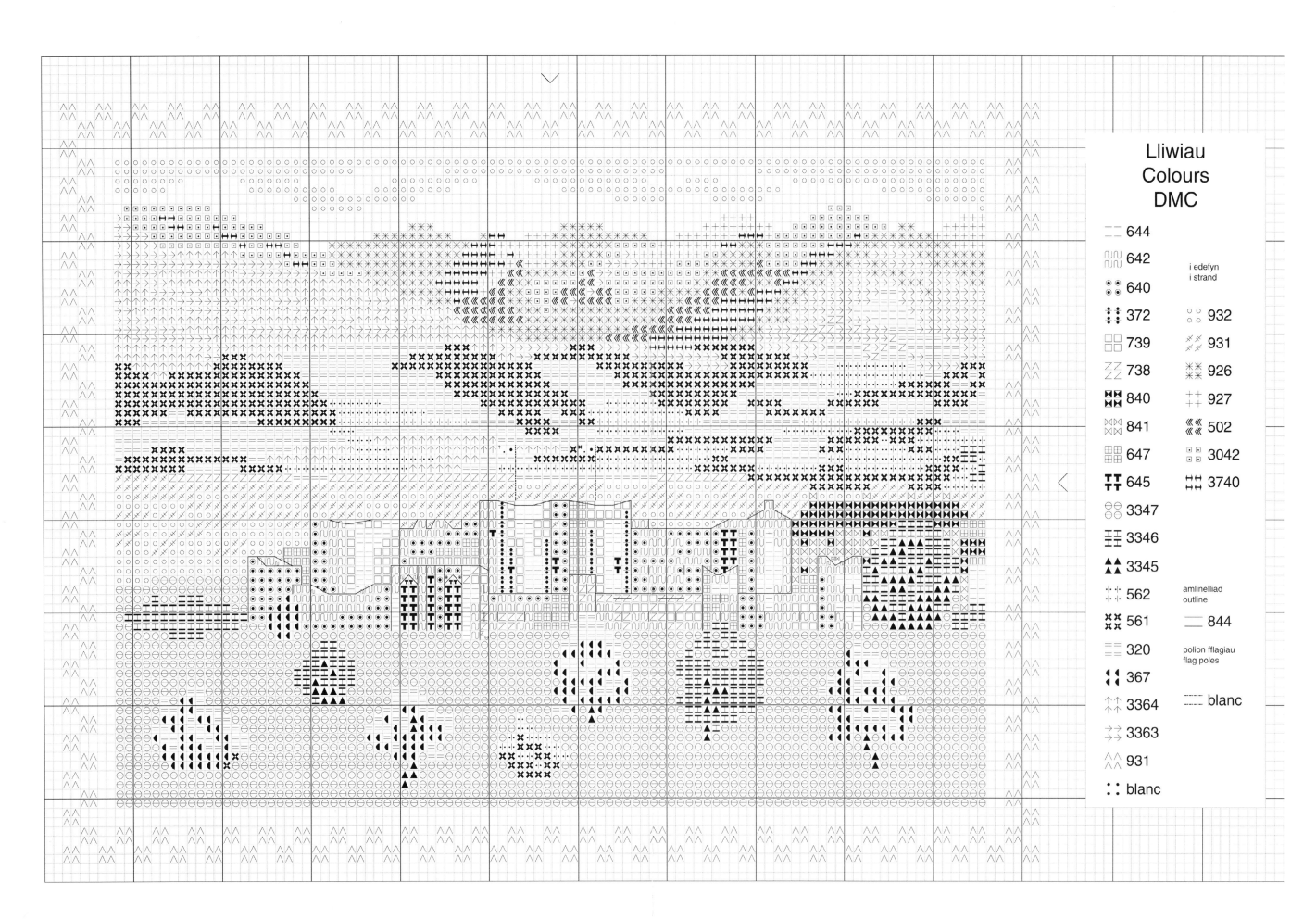

Lliwiau
Colours
DMC

644		
642		*i edefyn*
640		*i strand*
372		932
739		931
738		926
840		927
841		502
647		3042
645		3740
3347		
3346		
3345		
562		*amlinelliad*
		outline
561		844
320		*polion fflagiau*
		flag poles
367		
3364		blanc
3363		
931		
blanc		

3. Castell Caerdydd *Cardiff Castle*

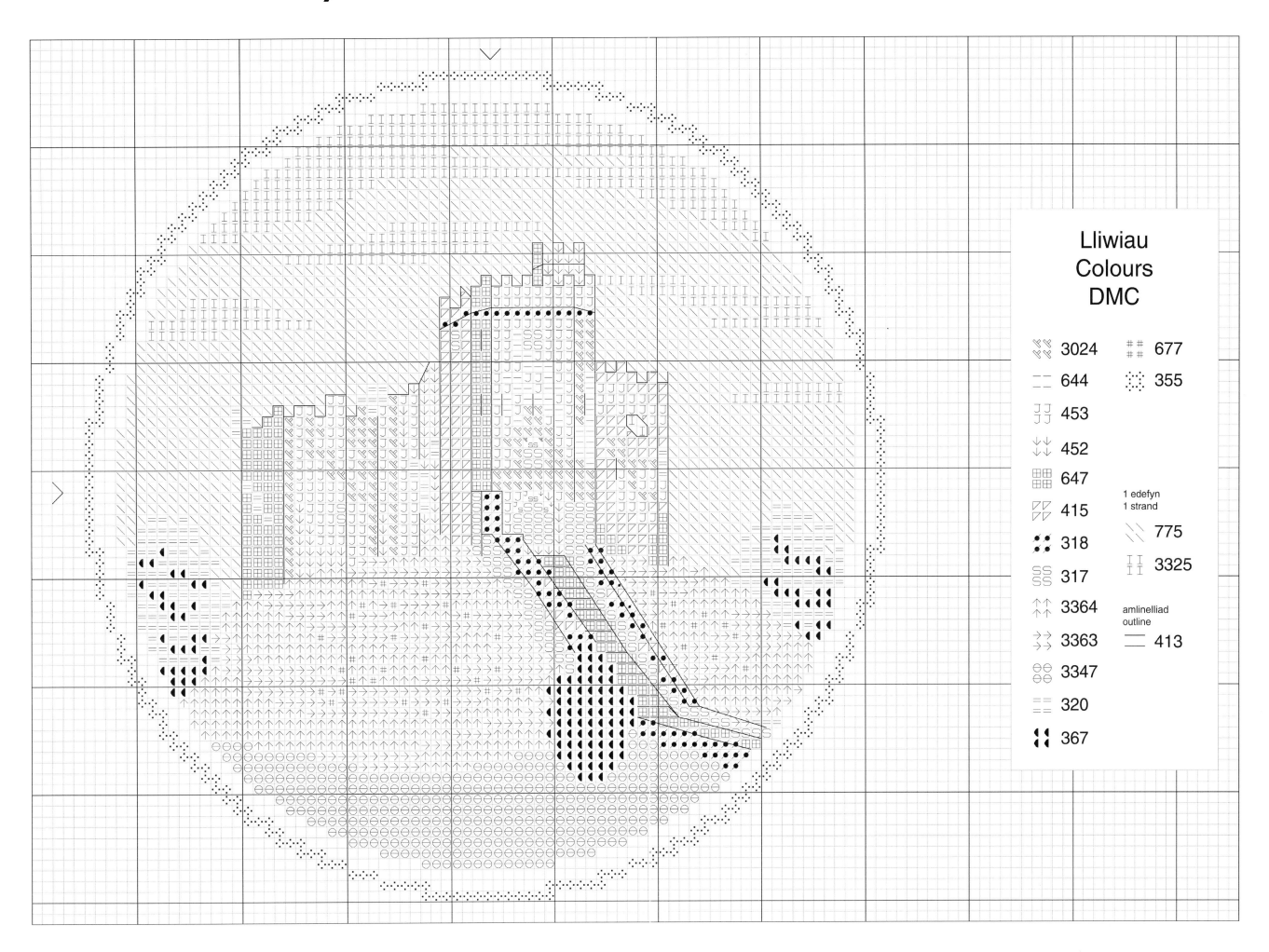

Lliwiau
Colours
DMC

〰〰	3024		＃＃	677
──	644		⦂⦂	355
JJ	453			
↓↓	452			
⊞⊞	647			
◸◿	415		**1 edefyn**	
⦙⦙	318		**1 strand**	
SS	317		╱╱	775
↑↑	3364		II	3325
→→	3363			
◒◒	3347		**amlinelliad**	
══	320		**outline**	
◖◖	367		──	413

4. Castell Caerffili   Caerphilly *Castle*

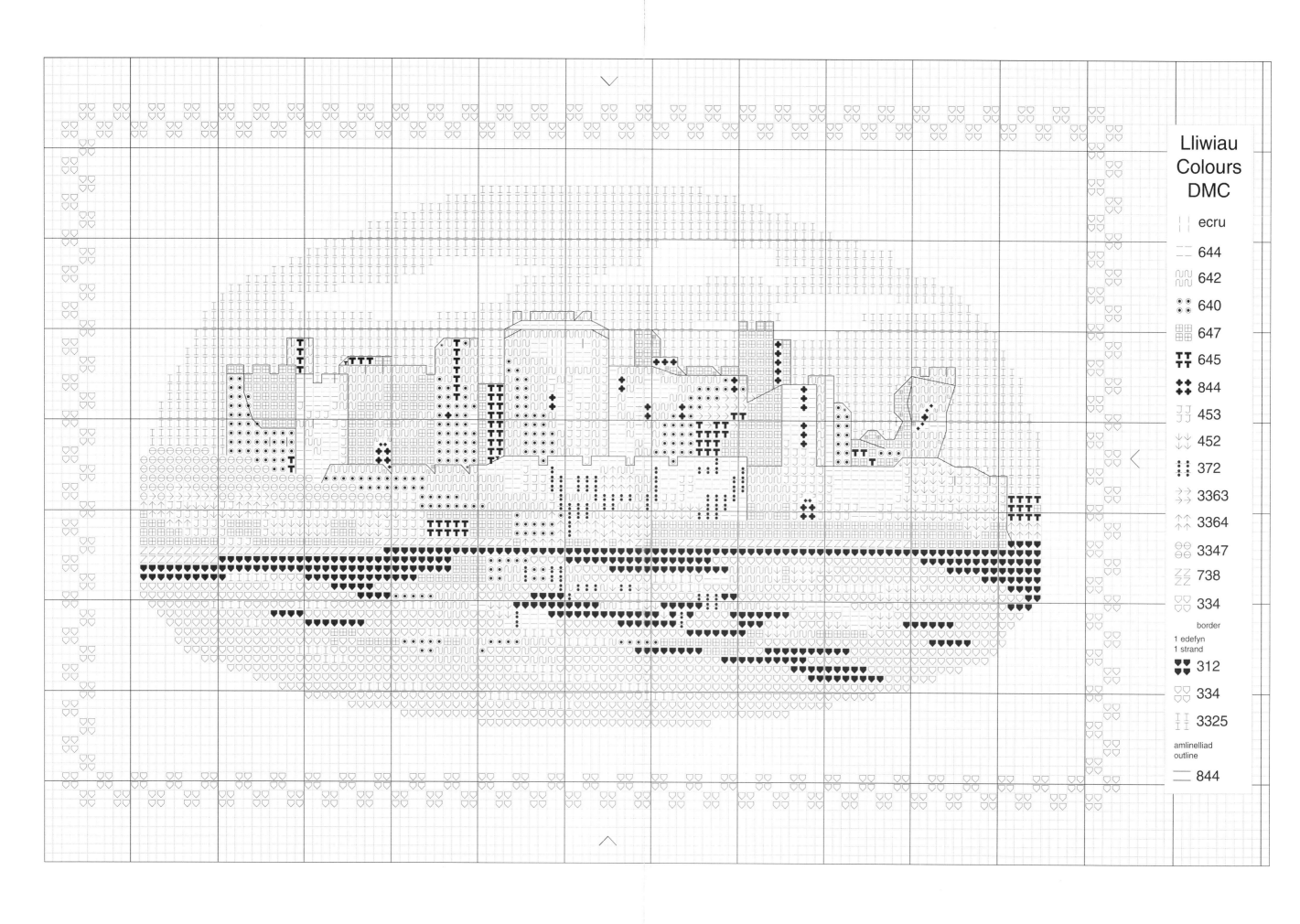

Lliwiau
Colours
DMC

			ecru
644
642
640
647
645
844
453
452
372
3363
3364
3347
738
334

border
1 edefyn
1 strand

312
334
3325

amlinelliad
outline

844

5. Castell Caeriw *Carew Castle*

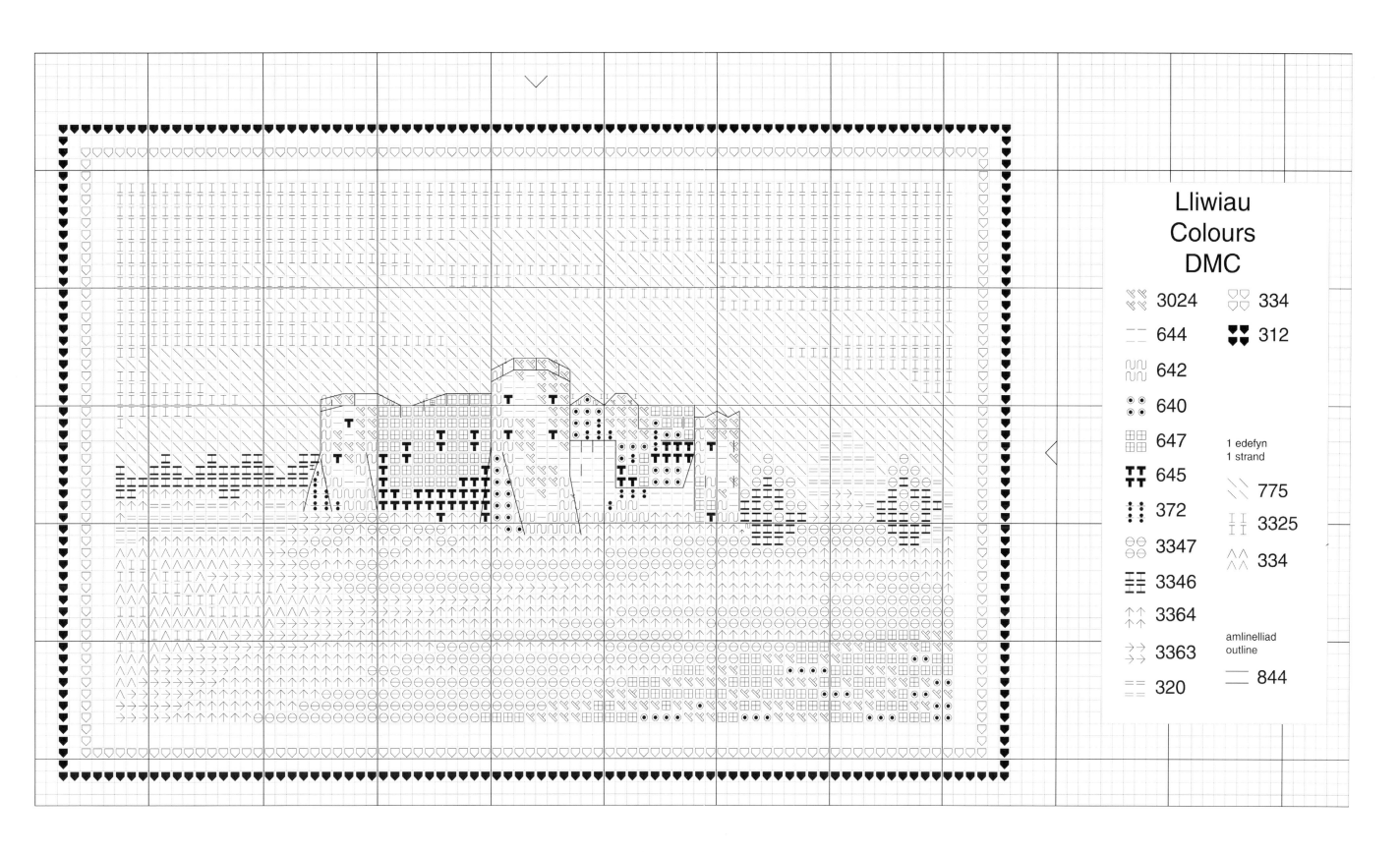

Lliwiau
Colours
DMC

3024		334	
644		312	
642			
640			
647		1 edefyn 1 strand	
645		775	
372		3325	
3347		334	
3346			
3364			
3363		amlinelliad outline	
320		844	

6. Castell Caernarfon *Castle*

**Lliwiau
Colours
DMC**

⚌⚌	644
∿∿	642
⊗⊗	640
⊞⊞	647
TT	645
✥✥	844
⸎⸎	317
∶∶	blanc
♥♥	347
♥♥	312
♡♡	334

1 edefyn
1 strand

≪≪	502
▼▼	931
✕✕	932
⊡⊡	3042
II	3325

polion fflag a mastiau
flagpoles and masts

╌╌╌ blanc

amlinelliad
outline

── 844

7. Castell Cas-gwent *Chepstow Castle*

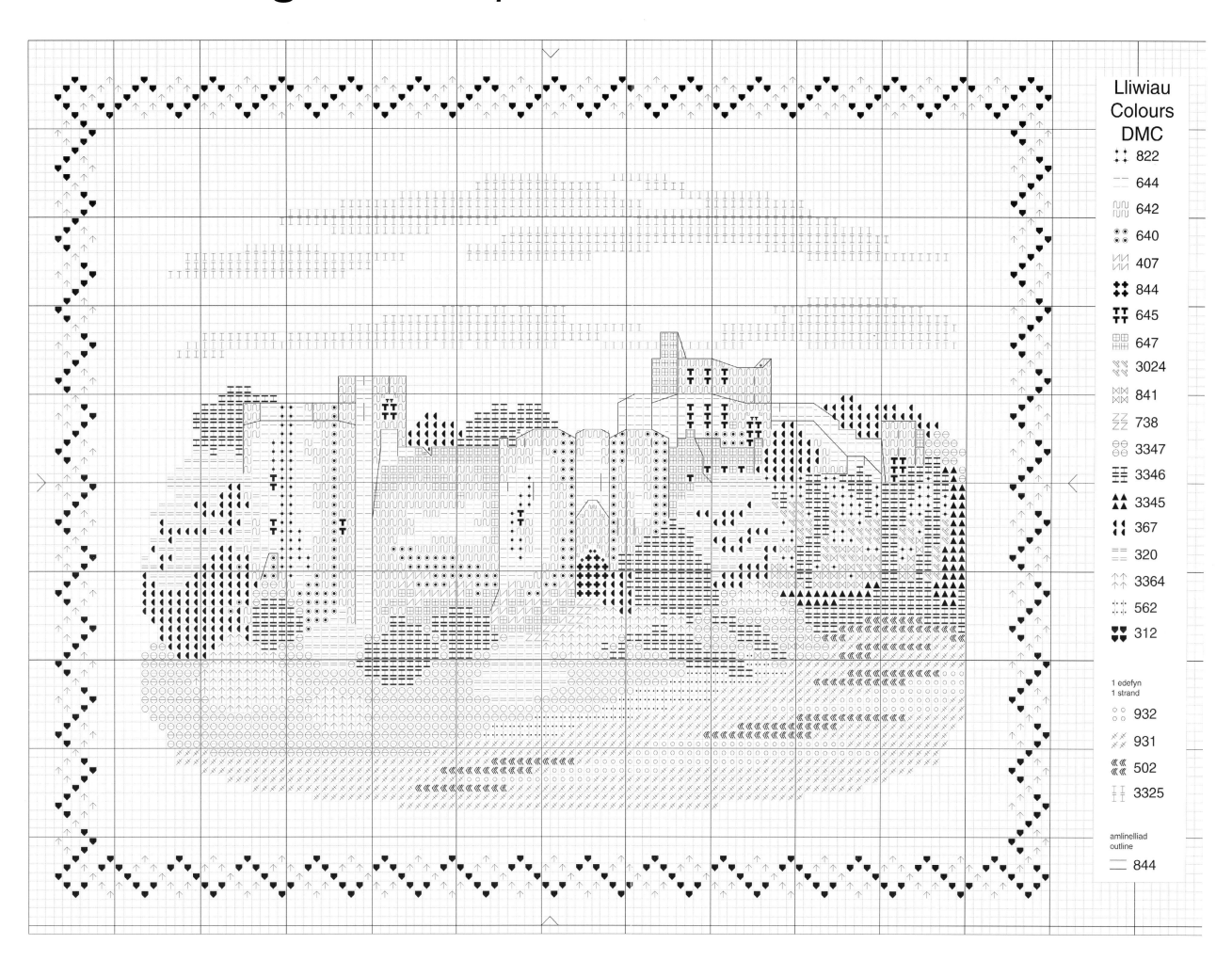

Lliwiau
Colours
DMC

∴∴	822
− −	644
∿∿	642
◉◉	640
⋉⋉	407
◆◆	844
TT	645
⊞⊞	647
�	3024
⋈⋈	841
⋰⋰	738
⊖⊖	3347
⊟⊟	3346
▲▲	3345
❙❙	367
= =	320
↑↑	3364
∷∷	562
♥♥	312

1 edefyn
1 strand

∘∘	932
⤬⤬	931
⫷⫷	502
❙❙	3325

amlinelliad
outline

—	844

8. Castell Cilgerran *Castle*

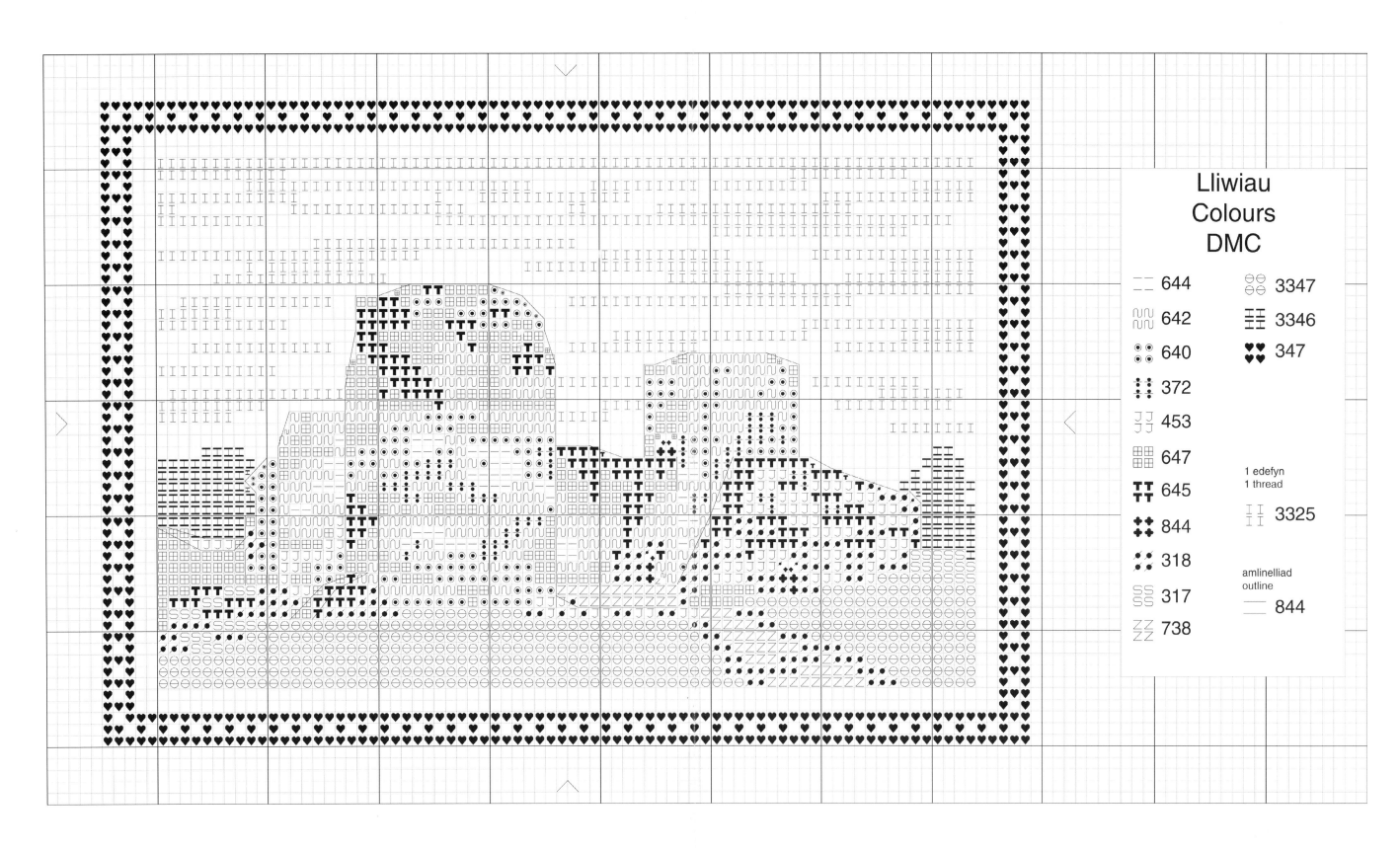

Lliwiau
Colours
DMC

‥	644	∞∞	3347
∽∽	642	⊞⊞	3346
◉◉	640	♥♥	347
⁞⁞	372		
⌐⌐	453		
⊞⊞	647		
TT	645	1 edefyn	
◆◆	844	1 thread	
⁝⁝	318	⁞⁞	3325
SS	317		
ZZ	738	amlinelliad	
		outline	
		——	844

9. Castell Coch *Castle*

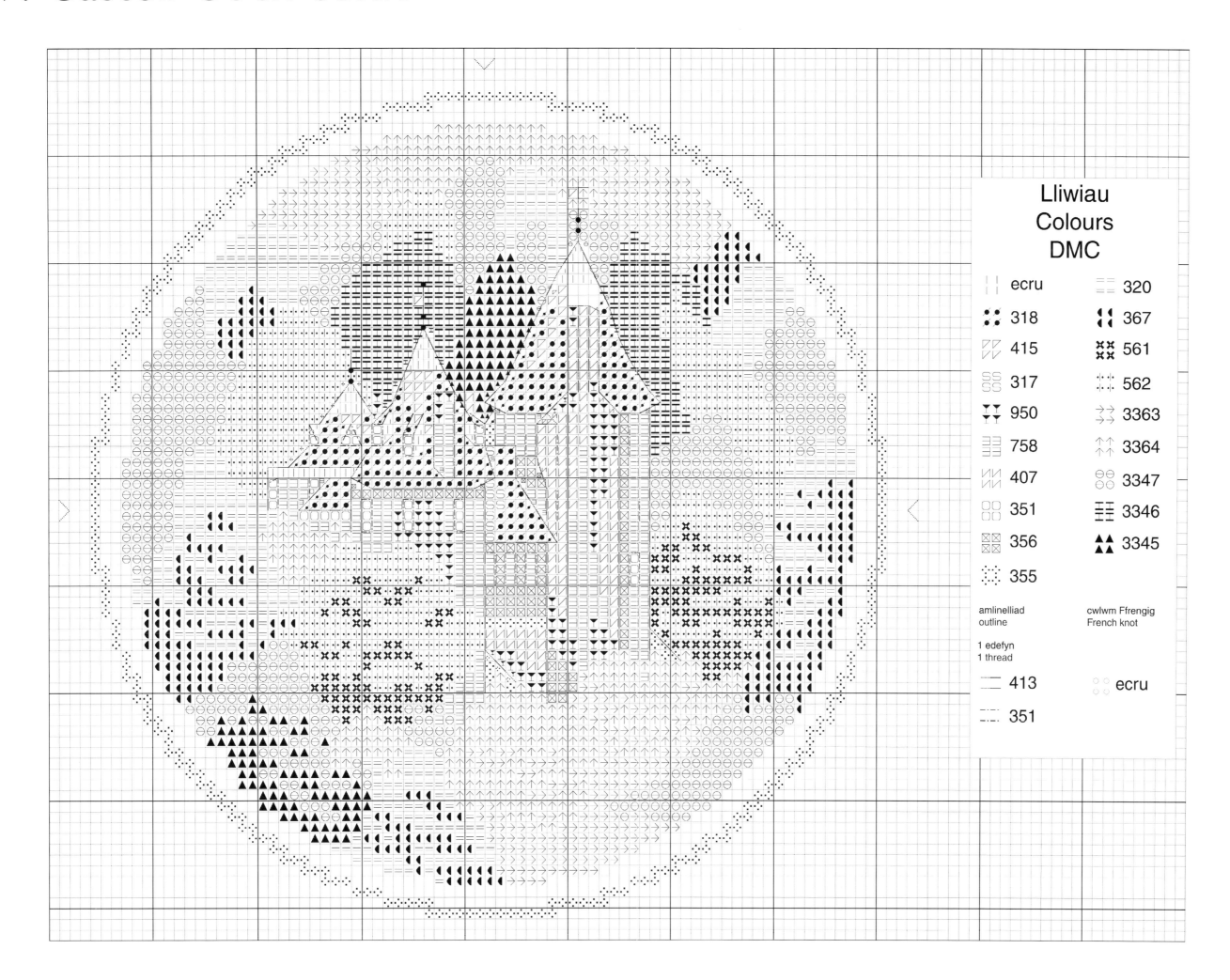

Lliwiau
Colours
DMC

ecru		320	
318		367	
415		561	
317		562	
950		3363	
758		3364	
407		3347	
351		3346	
356		3345	
355			

amlinelliad
outline

cwlwm Ffrengig
French knot

1 edefyn
1 thread

413   ecru

351

10. Castell Conwy *Castle*

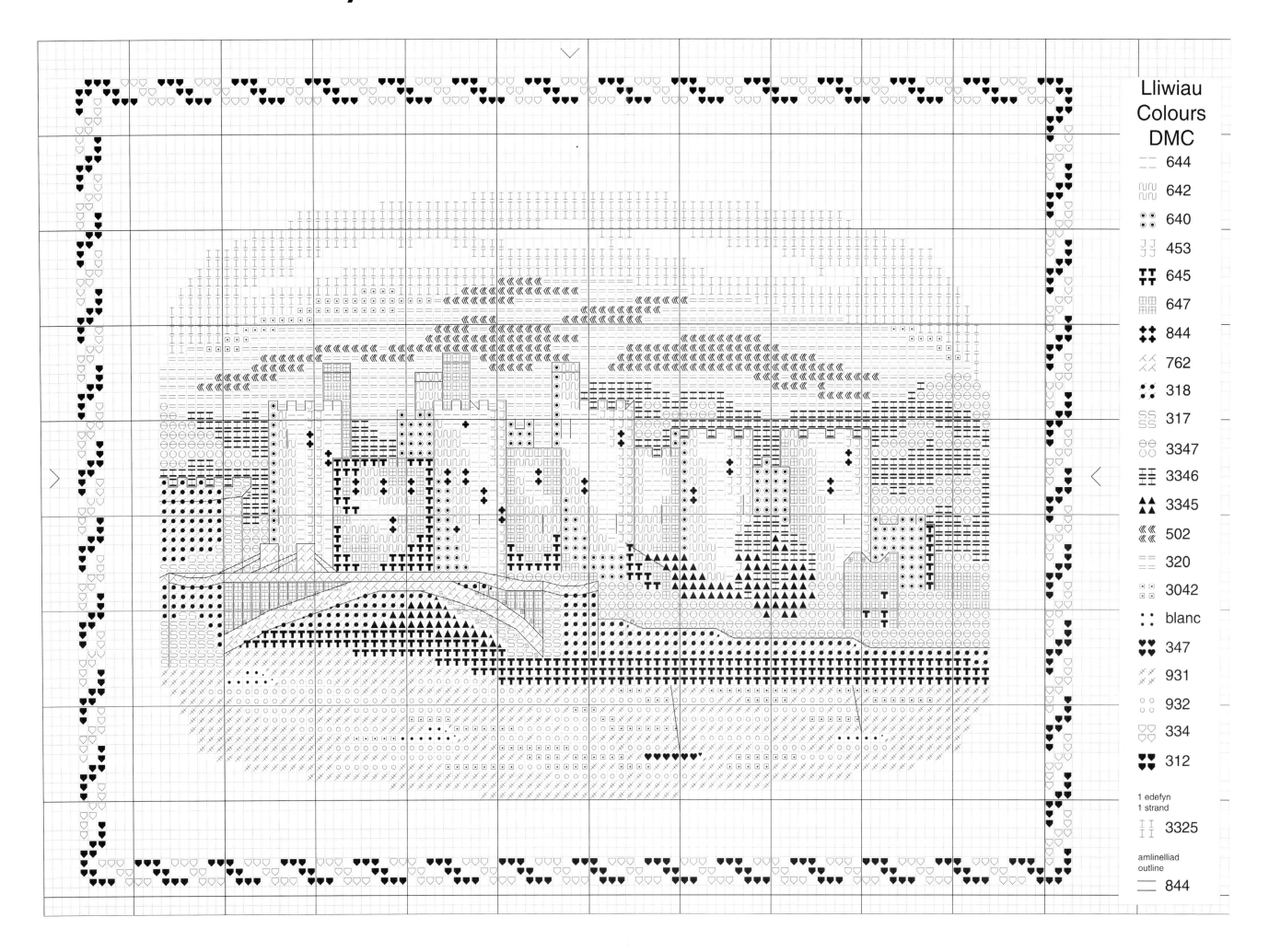

Lliwiau
Colours
DMC

- — 644
- ∿ 642
- ⊙ 640
- ⌐ 453
- T 645
- ⊞ 647
- ✦ 844
- ✕ 762
- ⦂ 318
- S 317
- ⊙ 3347
- ☰ 3346
- ▲ 3345
- ≪ 502
- = 320
- ⊡ 3042
- ∶ blanc
- ♥ 347
- ✕ 931
- ○ 932
- ♡ 334
- ♥ 312

1 edefyn
1 strand

- I 3325

amlinelliad
outline

- — 844

11. Castell Cricieth *Castle*

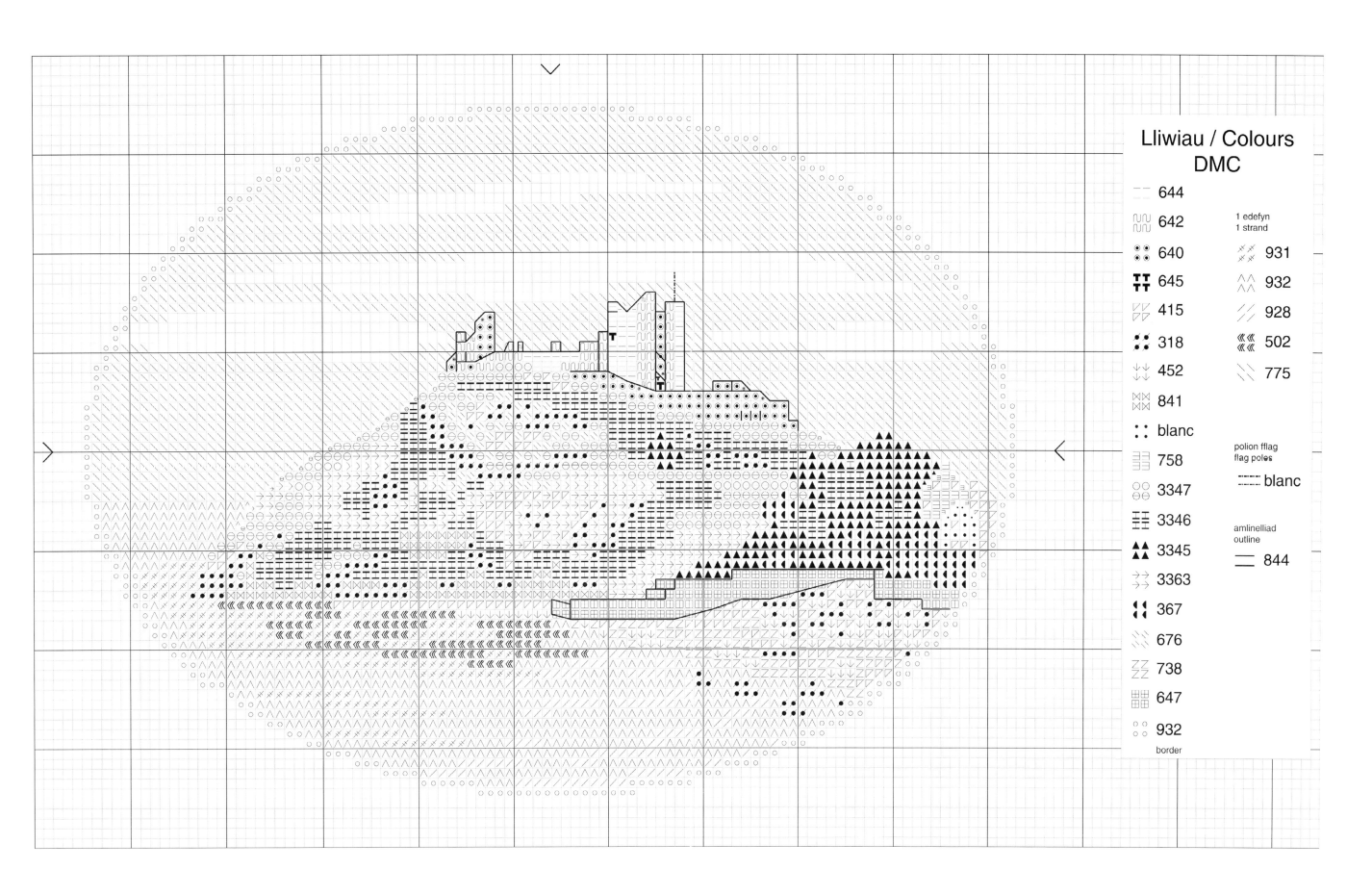

Lliwiau / Colours
DMC

⌐⌐	644		
∿∿	642		1 edefyn
			1 strand
∷	640	✗✗	931
TT	645	∧∧	932
⫣⫣	415	∥∥	928
⸬	318	≪≪	502
↓↓	452	╲╲	775
⋈⋈	841		
∷	blanc		
⊟⊟	758		polion fflag
			flag poles
○○	3347		·─·─· blanc
⊟⊟	3346		
▲▲	3345		amlinelliad
			outline
→→	3363		── 844
┇┇	367		
╲╲	676		
⨯⨯	738		
▦	647		
∘∘	932		
	border		

12. Castell Cydweli *Kidwelly Castle*

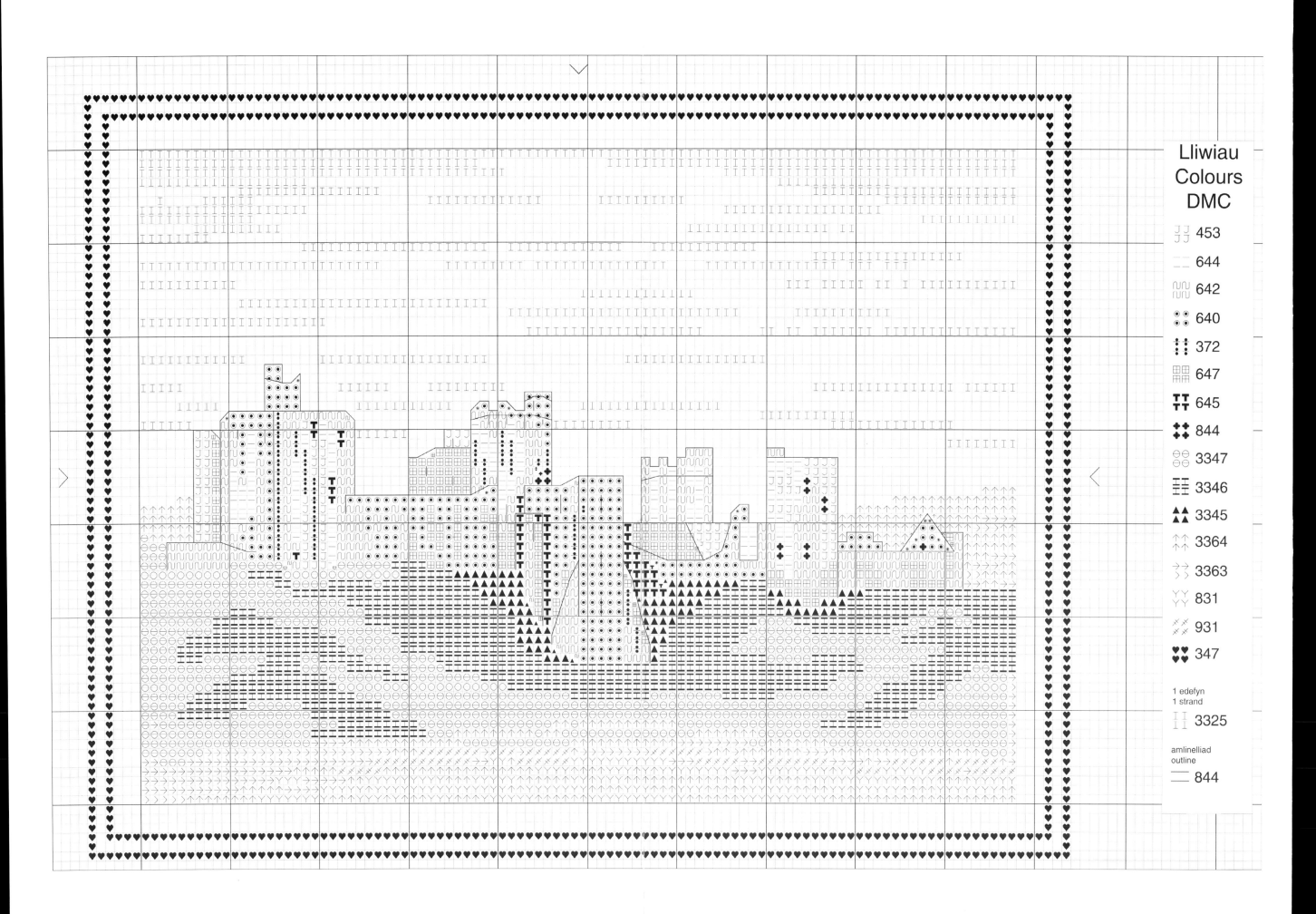

Lliwiau
Colours
DMC

- 453
- 644
- 642
- 640
- 372
- 647
- 645
- 844
- 3347
- 3346
- 3345
- 3364
- 3363
- 831
- 931
- 347

1 edefyn
1 strand

- 3325

amlinelliad
outline

— 844

13. Castell Dinbych *Denbigh Castle*

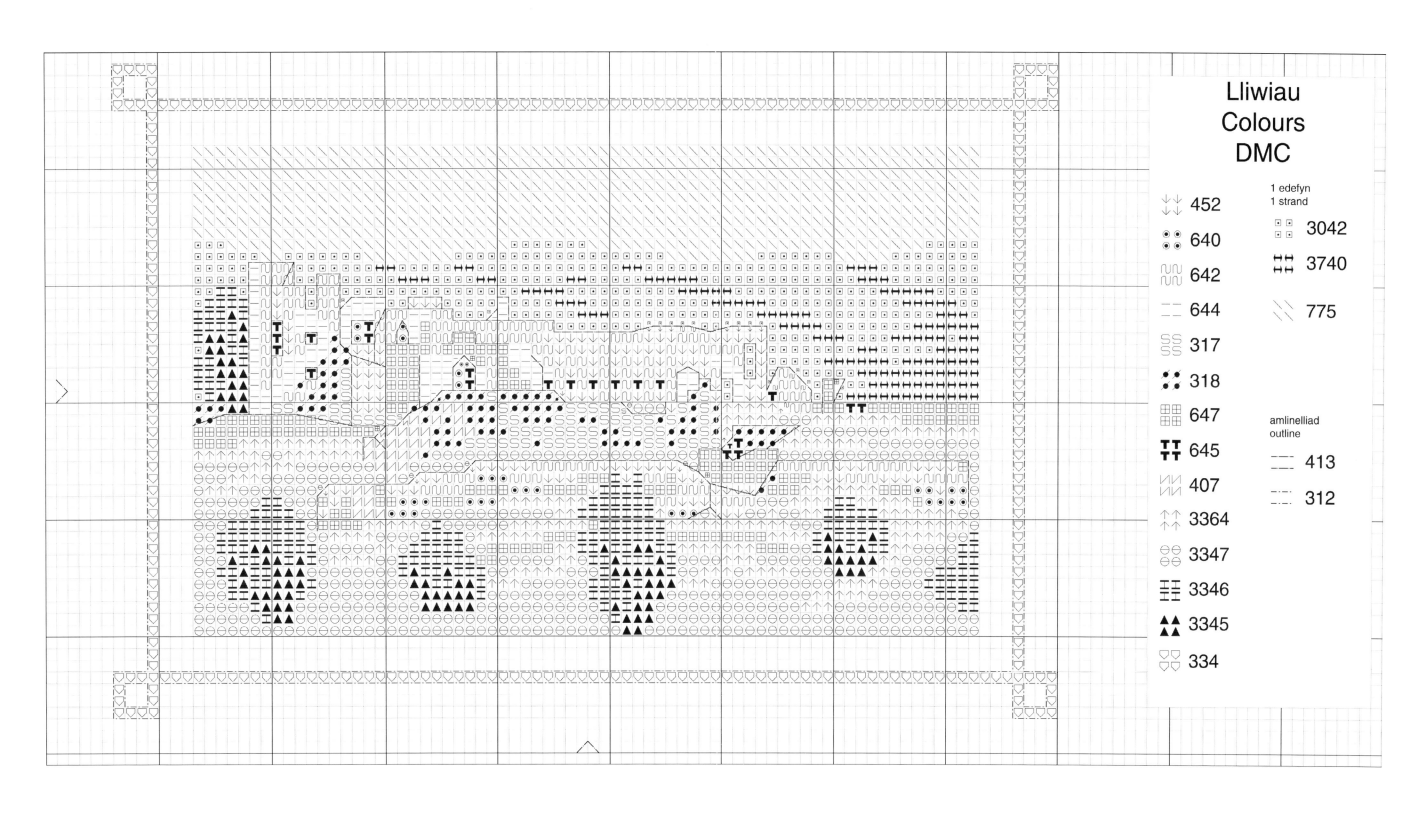

Lliwiau
Colours
DMC

452	
640	
642	
644	
317	
318	
647	
645	
407	
3364	
3347	
3346	
3345	
334	

1 edefyn
1 strand

3042	
3740	
775	

amlinelliad
outline

413	
312	

14. Castell Dinefwr *Castle*

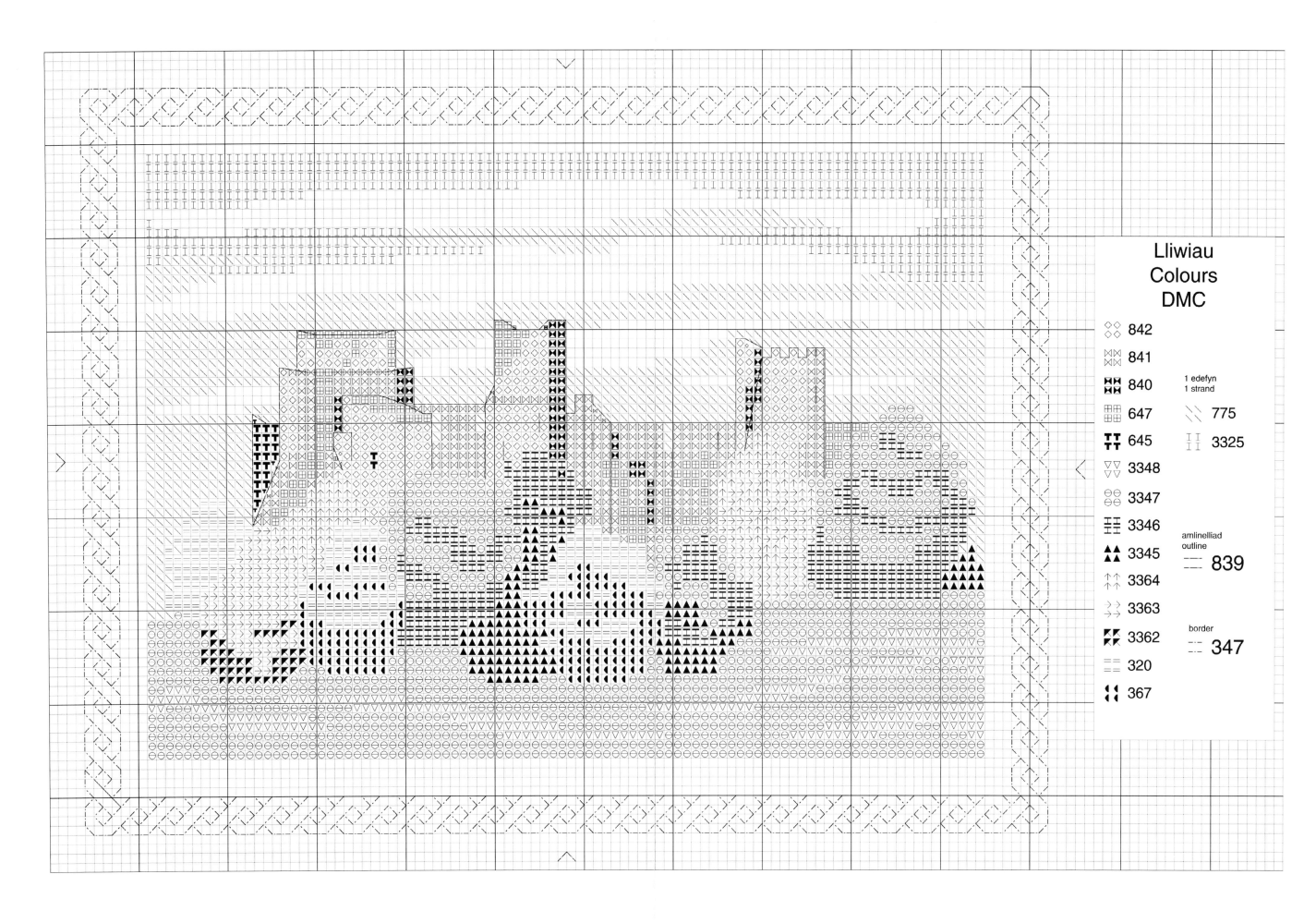

Lliwiau
Colours
DMC

◇◇	842		
⋈⋈	841		
⋈⋈	840	**1 edefyn**	
⊞⊞	647	**1 strand**	
TT	645	╲╲	775
▽▽	3348	II	3325
⊖⊖	3347		
ꞮꞮ	3346		
▲▲	3345	**amlelliad**	
↑↑	3364	**outline**	
⟩⟩	3363	– –	839
◪◪	3362		
══	320	**border**	
⫾⫾	367	– ⋅ –	347

15. Castell Dolbadarn *Castle*

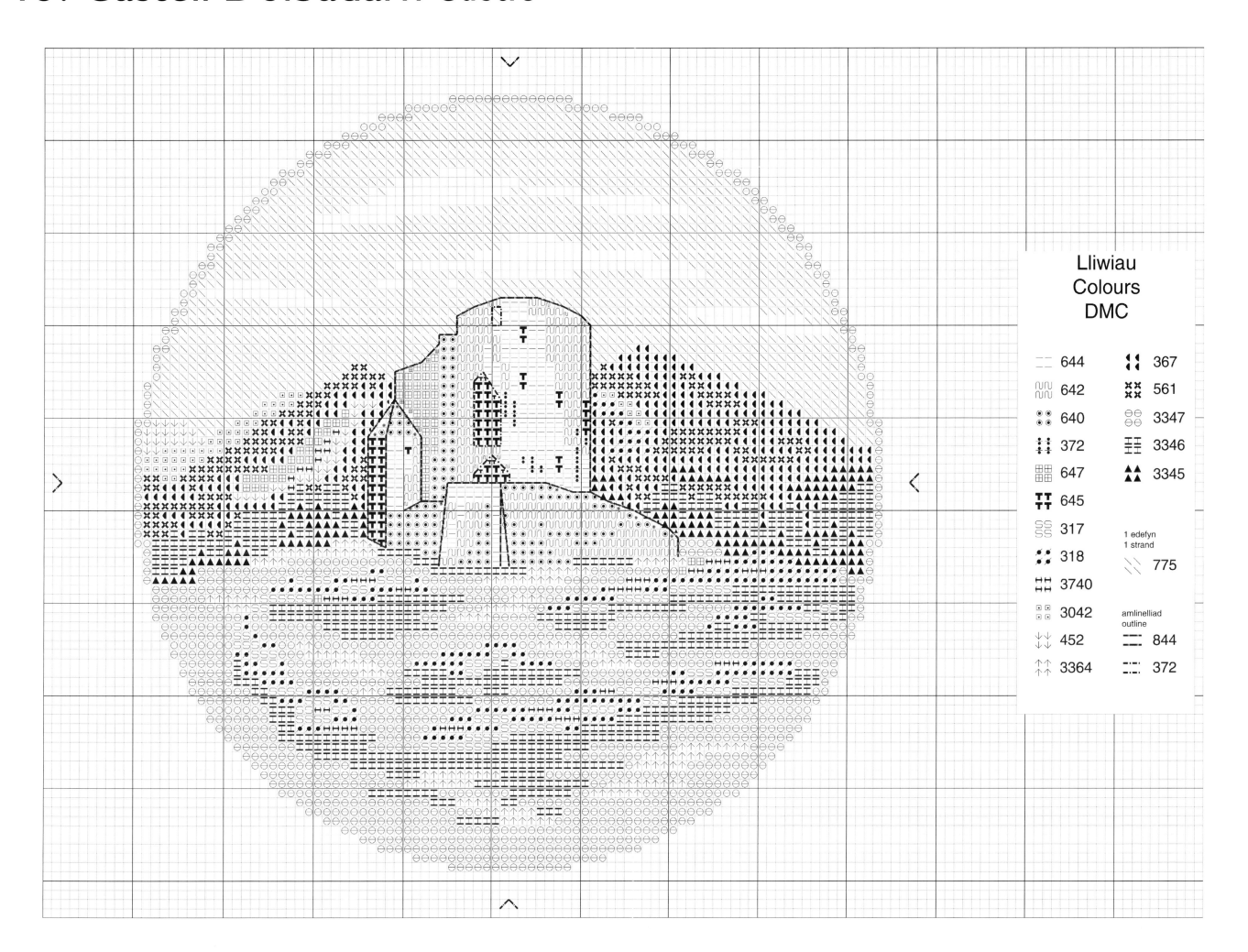

Lliwiau
Colours
DMC

644	367
642	561
640	3347
372	3346
647	3345
645	
317	1 edefyn
318	1 strand
3740	775
3042	amlinelliad outline
452	844
3364	372

15. Castell Dolbadarn *Castle*

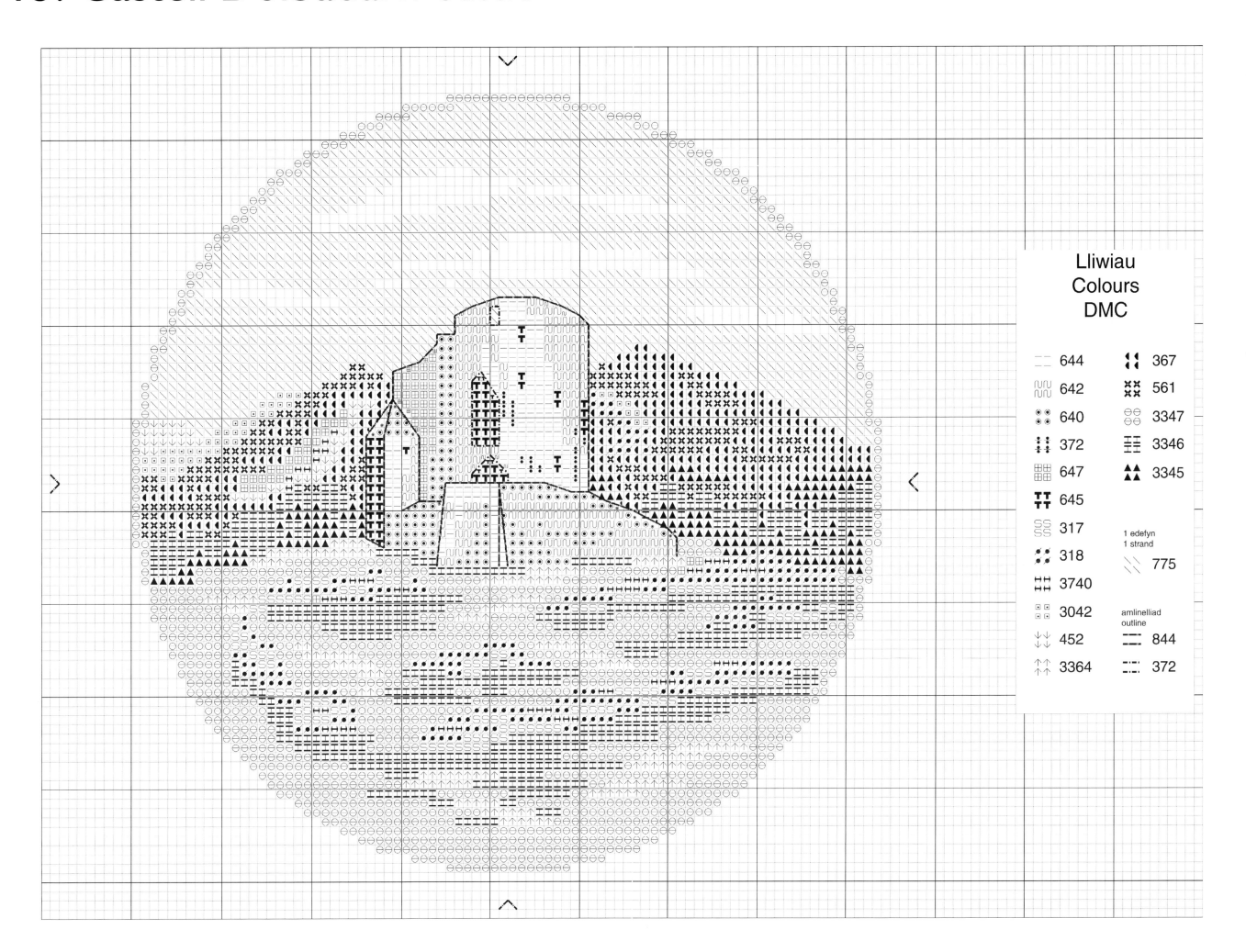

Lliwiau
Colours
DMC

644		367
642		561
640		3347
372		3346
647		3345
645		
317		1 edefyn
		1 strand
318		775
3740		
3042		amlinelliad
		outline
452		844
3364		372

16. Castell Dolwyddelan *Castle*

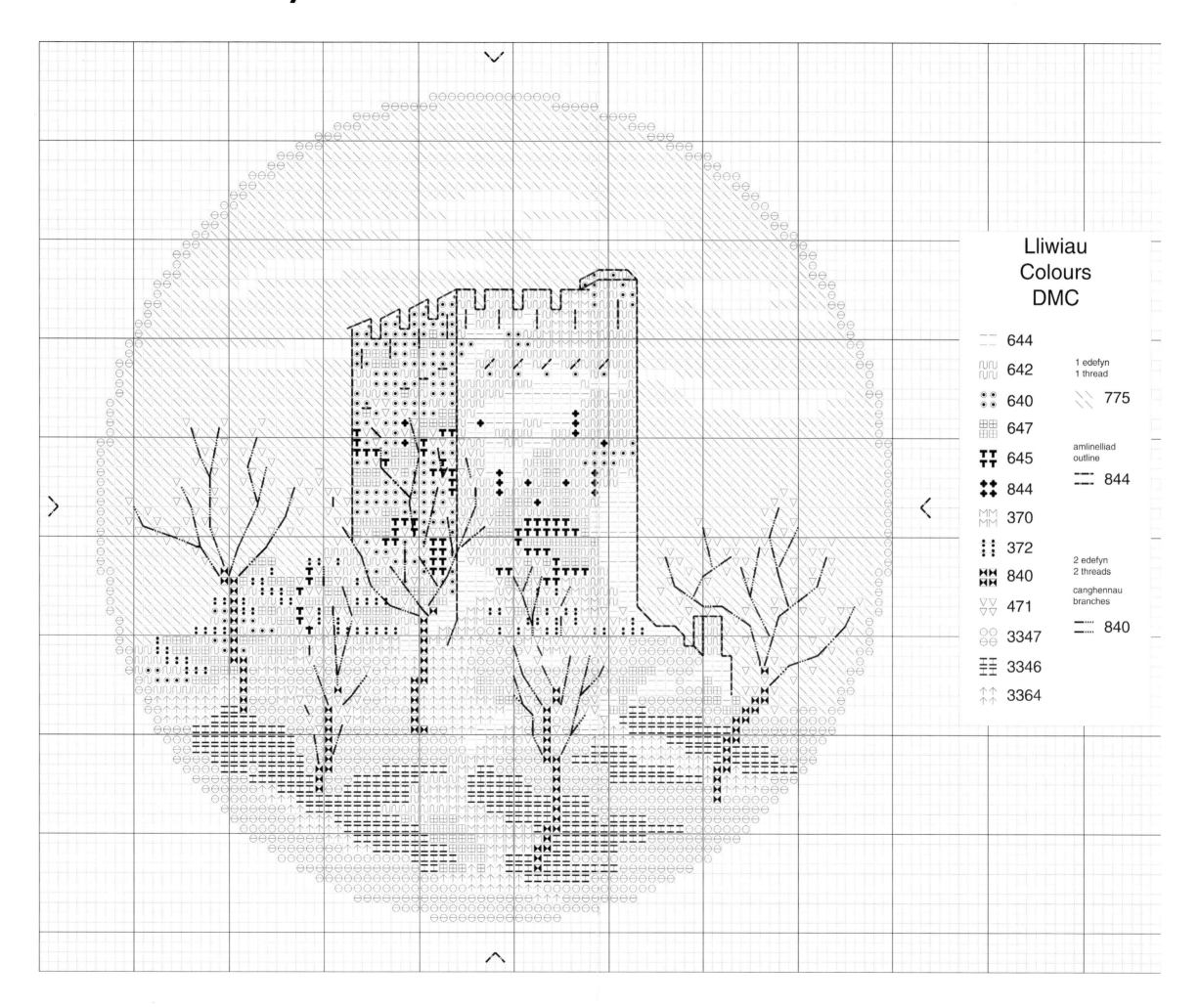

Lliwiau
Colours
DMC

⌐⌐	644	
⌐⌐	642	1 edefyn 1 thread
⊙⊙	640	⫽ 775
⊞⊞	647	
TT	645	amlinelliad outline
✦✦	844	▬ ▪ 844
MM	370	
⋮⋮	372	2 edefyn 2 threads
⋈⋈	840	canghennau branches
▽▽	471	▬▬ 840
○○	3347	
⊟⊟	3346	
↑↑	3364	

17. Castell Harlech *Castle*

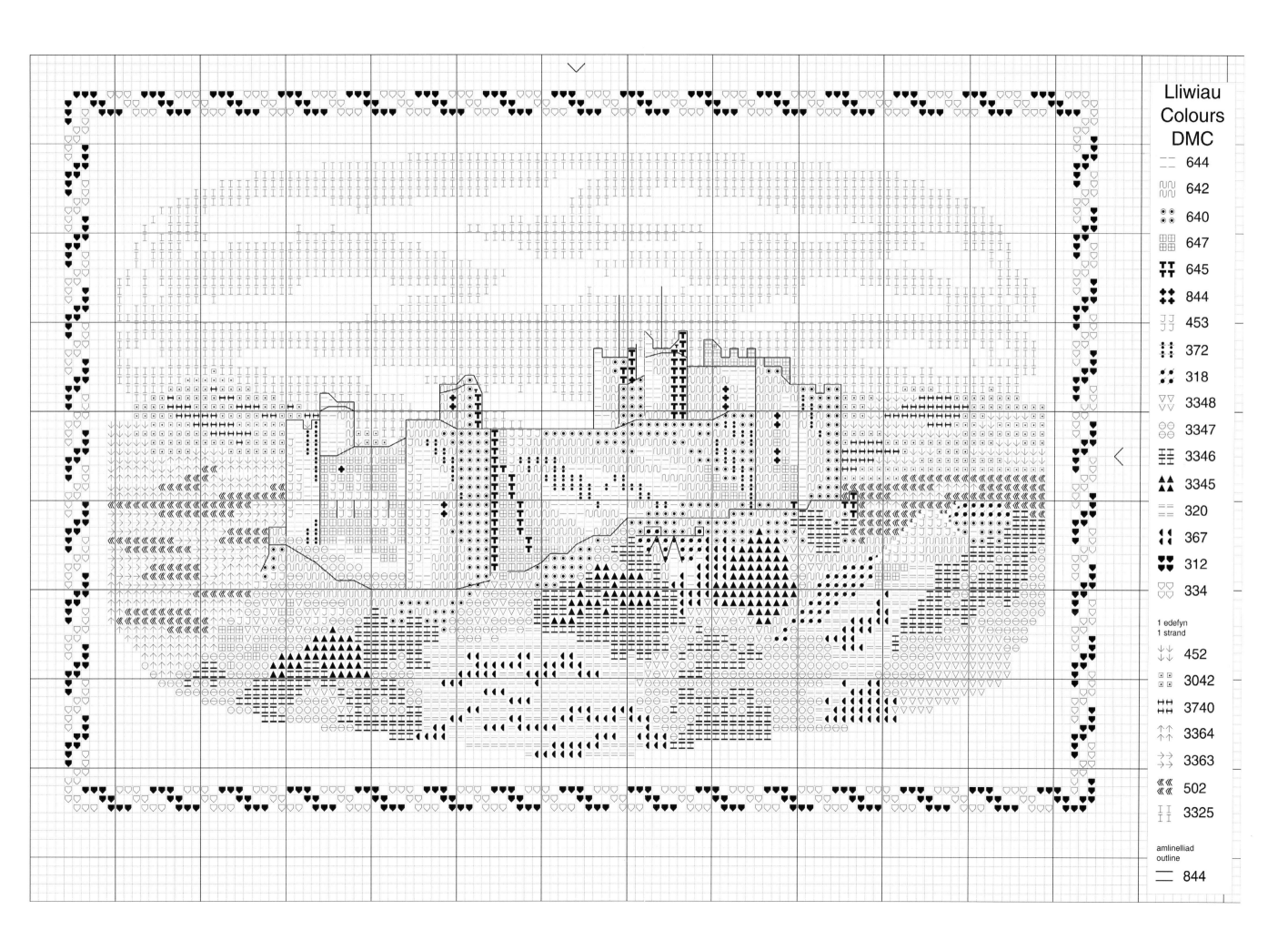

Lliwiau Colours DMC
644
642
640
647
645
844
453
372
318
3348
3347
3346
3345
320
367
312
334

1 edefyn
1 strand

452
3042
3740
3364
3363
502
3325

amlinelliad
outline

844

18. Castell Penfro *Pembroke Castle*

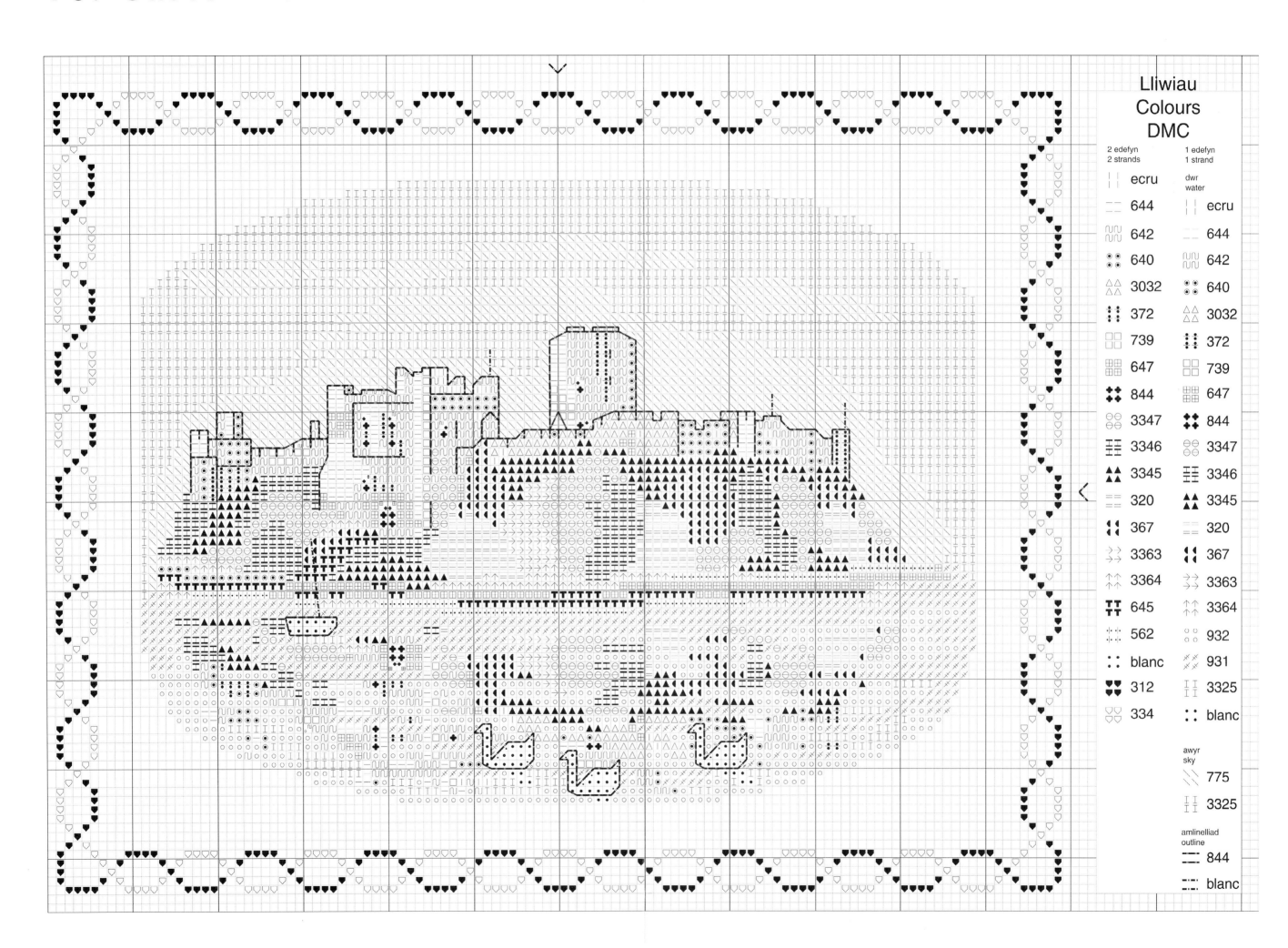

Lliwiau
Colours
DMC

2 edefyn 2 strands		1 edefyn 1 strand	
‖	ecru		dwr water
– –	644	‖	ecru
∿∿	642	– –	644
◉◉	640	∿∿	642
△△	3032	◉◉	640
⦙⦙	372	△△	3032
⊞⊞	739	⦙⦙	372
⊞⊞	647	⊞⊞	739
✦✦	844	⊞⊞	647
⊖⊖	3347	✦✦	844
⚌⚌	3346	⊖⊖	3347
▲▲	3345	⚌⚌	3346
══	320	▲▲	3345
⦙⦙	367	══	320
⟩⟩	3363	⦙⦙	367
↑↑	3364	⟩⟩	3363
⊤⊤	645	↑↑	3364
⦙⦙	562	◯◯	932
∷	blanc	✕✕	931
♥♥	312	⊺⊺	3325
♥♥	334	∷	blanc

awyr
sky

╱╱	775
⊺⊺	3325

amlinelliad
outline

▬▬	844
▬▬	blanc

19. Castell Penrhyn *Castle*

Lliwiau Colours DMC	
	644
	642
	640
	647
	645
	844
	729
	372
	831
	3348
	3347
	3346
	3345
	320
	367
	561
	840
	930
	312
	334
1 edefyn 1 strand	
	3325
polion fflagiau flag poles	
	ecru
amlinelliad outline	
	844

20. Castell Powis *Castle*

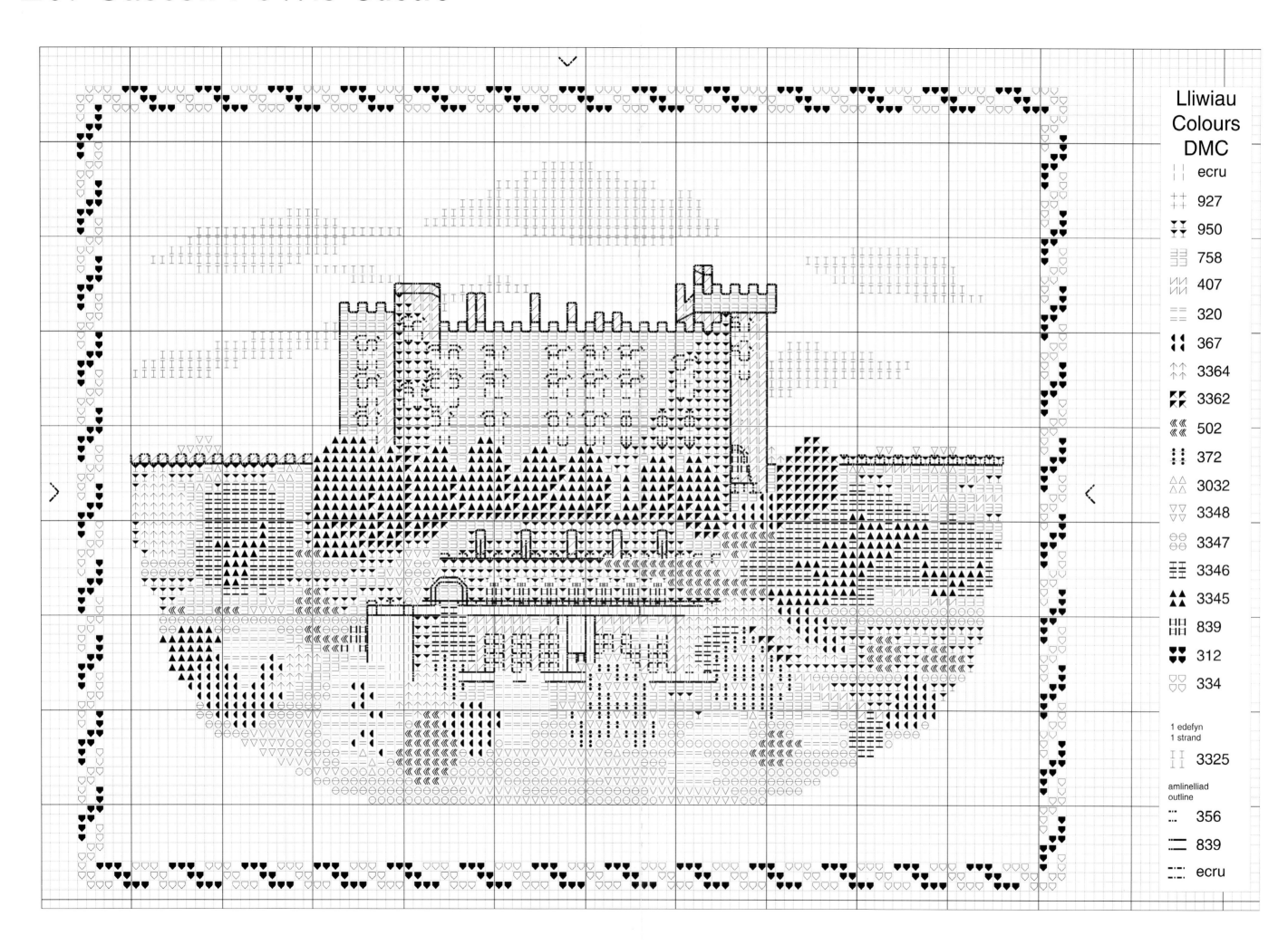

Lliwiau Colours DMC	
❘❘	ecru
✚✚	927
▼▼	950
⊟⊟	758
⋈⋈	407
═══	320
❙❙	367
↑↑	3364
◤◥	3362
≪≪	502
❙❙	372
△△	3032
▽▽	3348
⊖⊖	3347
⊟⊟	3346
▲▲	3345
⊞⊞	839
▼▼	312
▽▽	334

1 edefyn
1 strand

❙❙	3325

amlinelliad
outline

⋯⋯	356
━━━	839
⋯⋯	ecru

21. Castell Rhaglan   *Raglan Castle*

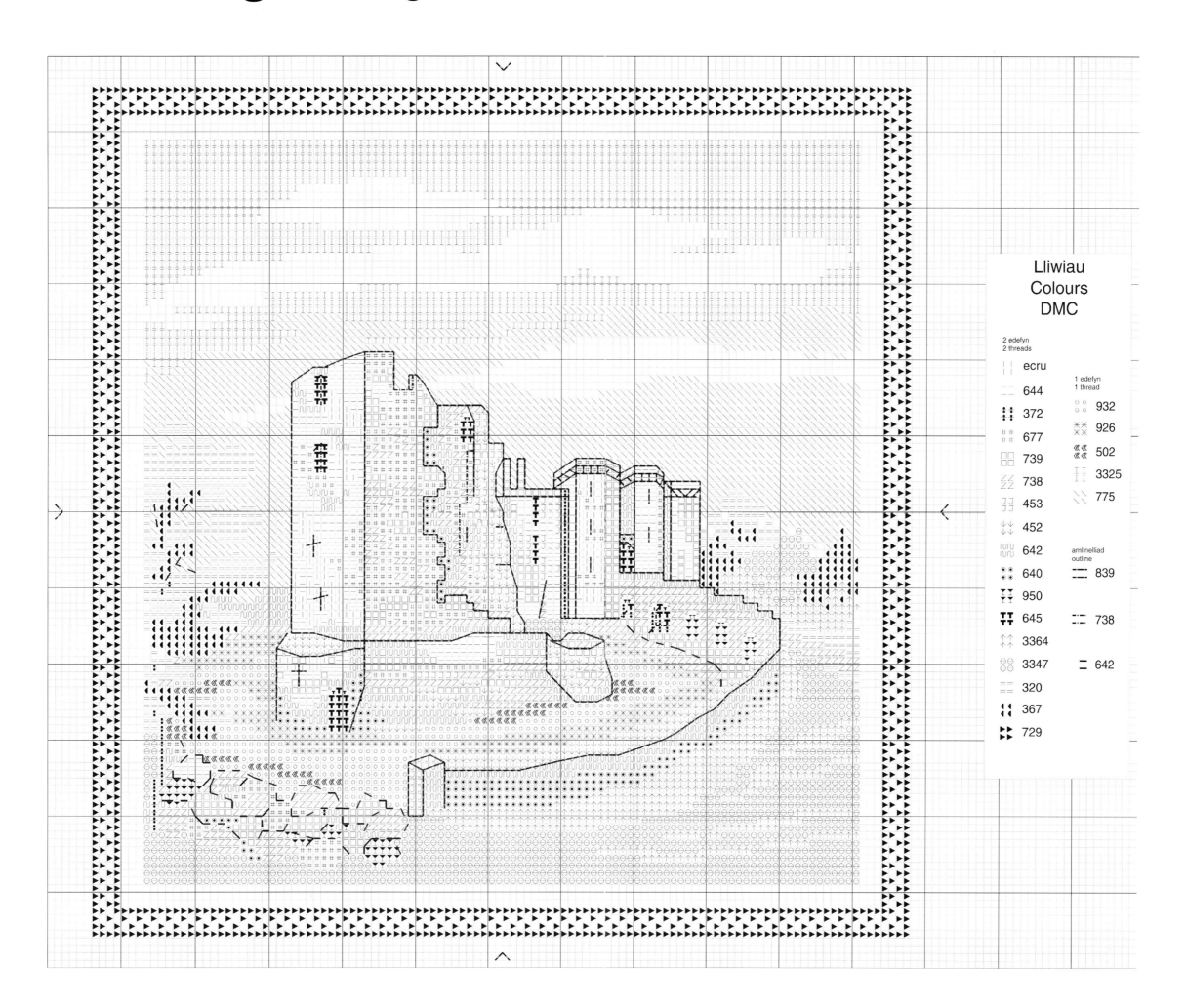

Lliwiau
Colours
DMC

2 edefyn 2 threads		1 edefyn 1 thread	
ecru			
644		932	
372		926	
677		502	
739		3325	
738		775	
453			
452			
642		amlinelliad outline	
640		839	
950			
645		738	
3364			
3347		642	
320			
367			
729			

22. Castell Rhuddlan *Castle*

Lliwiau Colours DMC	
⊗⊗ / ⊗⊗	640
ᴜᴜ / ᴜᴜ	642
− −	644
⋈⋈ / ⋈⋈	407
◇◇ / ◇◇	842
⋈⋈ / ⋈⋈	841
⊞⊞ / ⊞⊞	647
ᴛᴛ / ᴛᴛ	645
✦✦ / ✦✦	844
⊖⊖ / ⊖⊖	3347
⊟⊟ / ⊟⊟	3346
▲▲ / ▲▲	3345
⠿⠿ / ⠿⠿	562
↑↑ / ↑↑	3364
== / ==	320
✗✗ / ✗✗	931
♥♥ / ♥♥	347

1 edefyn
1 strand

○ ○ / ○ ○	932

amlinelliad
outline

| − ∙ − | 844 |

23. Castell Talacharn   *Laugharne Castle*

Lliwiau
Colours
DMC

⧨⧨	3024
⌐⌐	453
◇◇	842
⋈⋈	841
⊠⊠	840
⊞⊞	839
⫫⫫	407
▾▾	950
⊞⊞	647
⊤⊤	645
☐☐	739
↑↑	3364
→→	3363
○○	3347
≣≣	3346
▲▲	3345
◖◗	367

1 edefyn
1 strand

○○	932
✗✗	931
I I	3325

amlinelliad
outline

- -	839
▬▬	844

24. Castell y Fflint *Flint Castle*

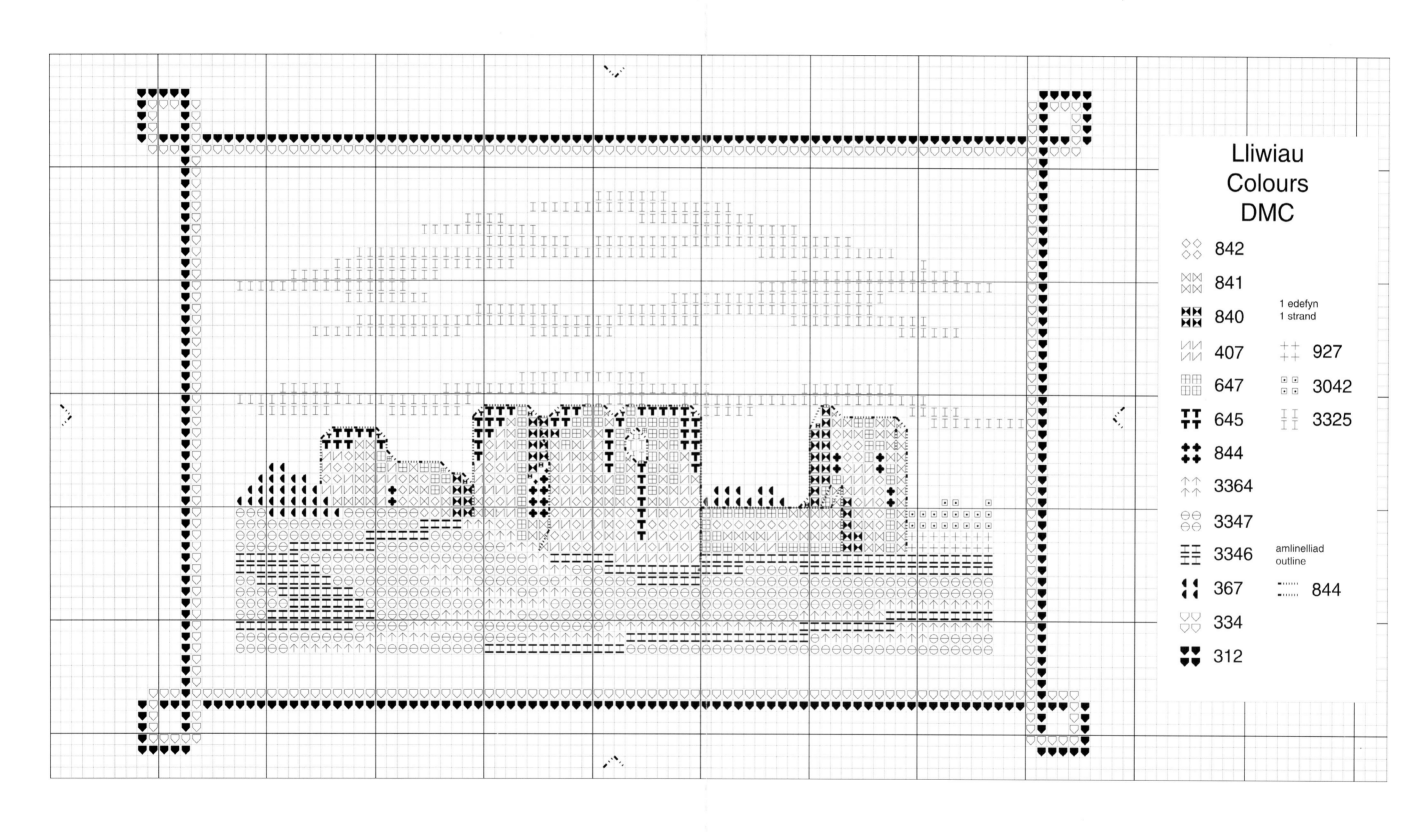

Lliwiau
Colours
DMC

◇◇ ◇◇	842	
⋈⋈ ⋈⋈	841	
▣▣ ▣▣	840	1 edefyn 1 strand
⫽⫽ ⫽⫽	407	++ ++ 927
▦▦ ▦▦	647	▢▢ ▢▢ 3042
TT TT	645	II II 3325
✦✦	844	
↑↑	3364	
⊖⊖	3347	
≣≣	3346	amlinelliad outline
◖◗	367	⠒⠒ 844
♡♡	334	
♥♥	312	